CLAUDE-SUZANNE DIDIERJEAN-JOUVEAU

Pour une parentalité sans violence

Du même auteur dans la même collection :
Pour une naissance à visage humain, 2000
La voie lactée, 1999

Collection Pratiques Jouvence

La thérapie vocale, par Philippe Barraqué, 2001
Maîtriser son stress, par Sébastien Tubeau, 2001
Se relaxer pour mieux vivre, par J.-D. Larmet, 2001
Plus jamais victime, par Pierre Pradervand, 2001
Le bonheur, ça s'apprend, par Pierre Pradervand, 2001
Relaxation et détente des enfants, par P. Barraqué, 2000
La vie simple, par Pierre Pradervand, 1999
Pratique de la communication non-violente,
par Wayland Myers, 1998
Lâcher prise, par R. Poletti & B. Dobbs, 1998
L'estime de soi, par R. Poletti & B. Dobbs, 1998
Bien dormir enfin, par Marie-France Muller, 1998
Satisfaire son besoin de reconnaissance,
par O. Nunge et S. Mortera, 1998
Gérer ses émotions, par O. Nunge et S. Mortera, 1998
Vivre au positif, par Marie-France Muller, 1997
Oser parler en public, par Marie-France Muller, 1997
La pause de 90 secondes, par Rolf Herkert, 1996

Catalogue gratuit sur simple demande :
ÉDITIONS JOUVENCE
Suisse : CP 184, CH-1233 Genève-Bernex
France : BP 7, F-74161 Saint Julien en Genevois Cedex
Site internet : www.editions-jouvence.com
e-mail : info@editions-jouvence.com

couverture : illustration Jean-Marie Connan
mise en pages : Nelly Irniger

© Copyright 2002 éditions Jouvence,
ISBN 2-88353-273-7
Tous droits de traduction, reproduction et adaptation réservés pour tous pays.

Sommaire

Introduction 7

Le bonheur d'être porté 11
Les bienfaits du portage 13
Il y a portage et portage 16

Comment dorment les bébés 19
Quelques faits en vrac 20
Il est normal pour le bébé de se
réveiller la nuit 22
Le sommeil partagé 23
Endormissement et rendormissement 27
Jusqu'à quand ? 28

Pleurs, chagrins, douleurs 31
Pourquoi pleurent-ils ? 31
Quand le bébé pleure vraiment beaucoup 34
Soulager la douleur de l'enfant malade 40

**Respecter le corps de l'enfant,
respecter ses rythmes** 43
Liberté de manœuvre pour les bébés ! 44
À propos des apprentissages précoces............47
Faut-il "socialiser" les bébés à 3 mois ? 49
Laisse mes fesses tranquilles... 50
...et mon zizi aussi ! 52
À belles dents... 54

Pour une parentalité sans fessées 57
Inutilité et nocivité des coups 58
Faut-il punir ? 60
Comment faire autrement 61

Pères et bébés 65
Un père présent..66
...avec son propre style..............................67

Quand les parents ne sont pas d'accord 71
Arriver à une solution 73

Et pour finir, lisons une histoire... 77

Conclusion 81
Notes 83
Bibliographie..89

INTRODUCTION

La plupart des paléontologues s'accordent aujourd'hui à dire qu'une des causes de l'évolution humaine tient à la disproportion entre la taille du cerveau humain et la largeur du bassin des femmes. Pour que "ça passe" à la naissance, il faut que le petit de l'homme naisse avant terme, avant que son cerveau et donc son crâne ne soient trop gros[1]. On peut dire sans se tromper que tous les bébés humains naissent prématurés. Moins que les bébés kangourous, mais beaucoup plus que les veaux ou les poulains qui gambadent quelques heures après leur naissance.

Il faudra au bébé humain en moyenne une année pour en arriver à ce degré d'autonomie. Et pendant cette année, sa dépendance à l'adulte pour son bien-être et tout simplement sa survie, aura créé un système de soins et d'échanges qui en fera pleinement un petit humain.

Car l'homme n'est homme que dans la communication, l'échange, la relation, la parole, l'amour. Et ce sont ces mois, ces années de dépendance qui permettent la création de liens et la transmission de savoirs par la parole et l'imitation.

Savoir cela, c'est mettre en valeur le travail irremplaçable d'humanisation que font les parents avec leurs petits.

C'est aussi remettre en question beaucoup de pratiques répandues dans notre société : vouloir que le bébé "fasse ses nuits" à quelques semaines, le laisser pleurer "pour qu'il comprenne", le dresser à être propre à 1 an, le faire marcher avant qu'il n'y soit prêt, etc., c'est non seulement souvent cruel, mais aussi inefficace, car ne respectant pas cet état d'"inachèvement" du petit humain.

Dans les pages qui suivent, on trouvera des pistes permettant aux parents d'accompagner le bébé puis le bambin dans son développement, en respectant ses besoins et sa joie de grandir à son rythme, sans violence ni forçage inutile.

D'où viennent les bébés ?

« Si l'on en croit un récent best-seller, les hommes viendraient de Mars et les femmes de Vénus. Pour ce qui est des bébés, les experts pensent maintenant qu'ils viennent de quelque part près de la Voie lactée. Ce qui expliquerait que lorsqu'ils arrivent sur Terre, ils sont affectés d'une sorte de "jetlag" cosmique et ne connaissent absolument rien des coutumes et styles de vie terriens.

Les Terriens, qu'ils soient de Mars ou de Vénus, sont très troublés de voir ces nouveaux arrivants ne pas se conduire tout de suite comme le font les Terriens adultes : manger selon un rythme terrien, dormir quand la nuit tombe, etc. Les Terriens sont très surpris de voir leurs tout-petits, naturellement synchronisés sur le temps de la Voie lactée, se conduire d'une façon pourtant tout à fait normale pour des citoyens de la Voie lactée.

Parents terriens, notez bien : vos bébés se conduisent parfaitement normalement pour des Voie-lactiens ! Les citoyens de la Voie lactée mangent toujours toutes les deux heures. Ils dorment le jour et sont debout la nuit. La nuit est faite pour s'amuser et rencontrer les amis. Si malgré tout, un Voie-lactien dort la nuit, il ne le fait qu'en groupe, comme les chiots, par peur du Monstre lacté qui attaque les petits Voie-lactiens quand ils sont seuls dans l'obscurité. Laissés tout seuls, ils ont peur et appellent à l'aide.

Quand ils arrivent, ils ne parlent pas un mot de français, ni d'anglais, ni d'aucune autre langue terrienne. Ils essayent de communiquer en langage voie-lactien, mais les Terriens ont beaucoup de mal à les comprendre. Parfois, au lieu de l'admettre, les Terriens préfèrent dire que c'est bon pour les poumons du Voie-lactien que de parler tout seul dans sa chambre pendant des heures. ➡

➡ *Quand un petit Voie-lactien arrive sur Terre, il est important de comprendre d'où il vient, et de l'accueillir avec respect. Souvenez-vous qu'il a besoin de temps pour s'adapter à une nouvelle culture. Il a besoin d'amour et de patience. Il a besoin d'être avec des Terriens qui écoutent son langage en même temps que lui essaie d'apprendre le leur.*

Les nouveaux parents doivent comprendre que le petit Voie-lactien ne se réveille pas la nuit pour les rendre fous : c'est juste sa façon d'être. Un jour, il comprendra qu'être debout la nuit n'est autorisé qu'aux étudiants, aux célibataires et à ceux qui doivent travailler de nuit, comme les infirmières et les serveuses. Il apprendra à manger à des heures qui conviennent aux Terriens. Il mettra un long moment à assimiler ce concept parce que la meilleure nourriture pour le faire grandir en bonne santé, à savoir le lait vénusien, se digère très rapidement.

Si on le presse trop, le bébé voie-lactien risque de ne pas avoir confiance en sa nouvelle planète et de mettre plus longtemps à devenir un petit Terrien indépendant.

S'il a de la chance, il trouvera un foyer avec des Terriens qui apprécieront ses qualités voie-lactiennes et se réjouiront de ses premières semaines si spéciales sur Terre, quand le bébé est tout neuf. Bientôt, il deviendra un vrai Terrien, mangera comme un Terrien, dormira comme un Terrien. Il est dangereux pour sa santé mentale et son bien-être de vouloir accélérer la transition. Ayez confiance, ça arrivera en son temps. »

Ann Calandro, Waxhaw, Caroline du Nord,
paru dans *North Carolina's Rocking Chair*,
printemps 1998

Le bonheur d'être porté

QUELQU'UN A DIT UN JOUR que « *le nouveau-né n'a que trois besoins essentiels : la chaleur des bras de sa mère, la certitude de sa présence et le lait de ses seins.* »

Je ne reviendrai pas ici sur l'allaitement maternel, auquel j'ai consacré un ouvrage dans cette même collection[1].

Je voudrais par contre m'étendre, en ces temps où les poussettes ressemblent de plus en plus à des chars d'assaut, sur les bienfaits du portage.

Le portage a assuré depuis les débuts de l'humanité à la fois la survie physique des petits d'homme (le contact permanent avec la mère les protégeait des bêtes féroces) et leur développement psychique (c'est ce contact permanent qui a permis l'apprentissage, la transmission des connaissances, et par conséquent l'émergence de la civilisation).

Le portage a souffert de désaffection à l'époque moderne. On a voulu à toute force transformer les humains de "primates porteurs" (et portés) en "nidicoles" (qui, comme les oiseaux, se développent dans un nid) : les bébés devaient dormir bien "au calme", dans leurs chambres isolées, dans leurs petits lits immobiles.

Le portage a connu un regain de faveur à l'occasion du "retour à la nature" des années 70. Alors qu'il était considéré auparavant comme une pratique de "sous-développés", on a vu apparaître dans nos rues des "bébés kangourous" sur le ventre de leur mère ou de leur père.

Mais tout comme l'allaitement prolongé, le "portage prolongé" est rare chez nous : quand il dépasse quelques semaines et quelques kilos, le bébé se retrouve généralement en poussette, au niveau des pots d'échappement...

Il est vrai que le portage est "hors commerce". Mis à part l'achat du porte-bébé (et encore... : on peut très bien le fabriquer soi-même), porter ne coûte rien, alors que toute la puériculture moderne vise à persuader les nouveaux parents qu'ils ont besoin d'acheter tout un matériel coûteux et encombrant.

Le portage est un art d'imitation. Rien ne vaut de voir une mère porter son bébé pour avoir envie d'en faire autant et pour "attraper le coup", savoir enrouler le tissu, installer l'enfant... Et les enfants qui ont été portés et/ou qui voient leur mère porter un bébé, ont envie eux aussi de porter leurs poupées ou nounours dans un porte-bébé plus ou moins improvisé (un torchon peut faire l'affaire !).

Le portage est agréable pour l'enfant et pour la mère (ou le père). Cela seul devrait suffire à le justifier, mais comme on a toujours besoin d'arguments "scientifiques", et bien que les études soient peu nombreuses sur le sujet, nous allons en donner une petite liste.

Les bienfaits du portage

Le plus évident, qui crève les yeux (ou plutôt qui ne crève pas les oreilles !), c'est que les enfants portés crient moins que les autres. Non pas tant que leurs pleurs soient calmés par le portage (quoique cela arrive) que parce qu'ils n'ont pas besoin de pleurer : le contact étroit avec l'adulte fait que ce dernier est tout de suite averti des besoins du bébé et peut les satisfaire sans attendre.

Une étude parue dans *Pediatrics* en 1996 a confirmé cette évidence : chez la centaine d'enfants observés, le portage réduisait les pleurs et l'agitation de 43% le jour et 51% la nuit.

Le portage facilite l'attachement parents/enfant. Une expérience relatée dans le *Lancet* en 1987 va dans ce sens[2]. On a distribué de façon aléatoire, à deux groupes de mères de milieux défavorisés, des porte-bébés en tissu ou des sièges en plastique, en leur demandant de s'en servir régulièrement. À 13 mois, on a testé la qualité de l'attachement mère/enfant : 83% des "enfants porte-bébés" montraient un attachement sécurisé, contre 38% des "enfants sièges en plastique"...

Le portage renforce le sentiment de compétence et de confiance en soi des parents, qui savent qu'ils ont un moyen sûr de satisfaire les besoins de leur bébé (c'est particulièrement

> « Un nourrisson qui s'éveille commence à pleurer seulement lorsqu'après avoir émis un son bref pour attirer l'attention, il ne perçoit aucun signe de présence de la part de ses parents (Morath, 1977). Ce besoin de présence se manifeste plus souvent que les parents ne peuvent le comprendre, car rien d'inquiétant ne semble menacer le nourrisson. En fait, ce qui l'inquiète, ce sont le silence et la solitude (qui n'ont par contre rien d'anormal ni d'inquiétant pour les petits des oiseaux nidicoles). Comme le suggère Portmann (1944/69), le nourrisson n'est pas nidicole de nature, mais notre société fait de lui un nidicole "culturel" (Peiper, 1950, 1955, 1961). Pourtant, du point de vue de la biologie du comportement, le nourrisson manifeste toujours son appartenance au type "petit marsupial", qui a besoin de la présence de la personne qui prend soin de lui. »
>
> Dr Evelin Kirkilionis, thèse de doctorat,
> Université de Fribourg, 1990

important dans le cas de bébés à coliques, de bébés aux besoins intenses). Un moyen qui par-dessus le marché leur permet de continuer à vaquer à leurs occupations et à s'occuper des autres enfants.

Les bébés portés reçoivent beaucoup plus de stimuli que ceux qu'on laisse tout seuls des heures dans leur chambre. Ils participent à toutes les activités de la maisonnée, "à hauteur d'homme", tout en étant sécurisés par le contact. Ce qui permet un éveil harmonieux en rapport avec la réalité, une véritable implication au sein du monde et un développement riche et subtil de tous les sens.

Le bercement du portage stimule le système nerveux immature du bébé, en particulier le système vestibulaire (sens de l'équilibre). Les bébés qui sont beaucoup portés développent un bon tonus du cou et du tronc, et une capacité d'adaptation aux changements de position. Ils ont en moyenne un développement psychomoteur plus rapide et plus harmonieux, et souvent, contrairement à ce qu'on pourrait penser, ils marchent plus tôt (c'est frappant chez les petits Africains).

Le portage traditionnel jambes bien écartées (par exemple à califourchon sur la hanche) est préventif des problèmes de hanche. On sait que les peuples où les enfants sont portés ainsi, ne connaissent presque jamais de luxations de la hanche.

Les avantages du portage sont particulièrement nets pour les bébés prématurés (c'est d'ailleurs là qu'on trouve le plus d'études). Pour ces enfants nés à un âge où ils devraient être encore enveloppés par la matrice, le portage, que certains ont appelé "a womb with a view" ("matrice avec vue"), va prolonger la gestation trop tôt interrompue. C'est l'expérience des "bébés kangourous" colombiens[3], reprise dans certains centres de néonatalogie européens : le bébé, seulement vêtu d'une couche, est placé à la verticale peau à peau sur la poitrine de sa mère ou de son père, et ce en continu. Toutes les études[4] ont confirmé que chez les bébés ainsi "traités", le sommeil est meilleur, les pleurs plus rares, l'énergie mieux conservée, l'allaitement et l'attachement parents/enfant facilités, la prise de poids plus rapide, les infections plus rares.

Il y a portage et portage

Mais tous les porte-bébés ne se valent pas. Il faut notamment mettre en garde contre les porte-bébés style kangourou, où le bébé est comme "suspendu" jambes pendantes, sans être bien maintenu contre le corps du porteur. Ils cumulent les inconvénients :
– pour l'enfant : alors que les premiers temps, il est préférable qu'il soit en flexion, comme dans la position fœtale, dans ces modèles il est

dans une position dangereuse pour sa colonne vertébrale, qui compromet un bon développement des courbures vertébrales (sans parler des risques de chute) ;
– pour le porteur : le poids de l'enfant portant uniquement sur les épaules, cela tire sur le cou, les épaules et les reins ; alors qu'avec un porte-bébé où le bébé est bien maintenu contre le corps de l'adulte, son poids est mieux réparti, ce qui évite le mal au dos.

Tous les autres porte-bébés ont leurs avantages et leurs inconvénients : un modèle conviendra à l'un(e) et pas à l'autre, conviendra dans une situation et pas dans une autre. Beaucoup le disent, l'idéal est d'avoir plusieurs modèles, qu'on utilise au gré des situations.

Quelques modèles de porte-bébés

- Le porte-nourrisson de L'Enfant et la vie est très bien pour un nourrisson qu'on porte couché devant soi, mais cela ne dure pas plus de quelques semaines.
- Le pagne à l'africaine ou l'écharpe (style Pola ou Didymos) exige une certaine technique, bien que celles qui l'utilisent affirment qu'on l'acquiert vite.
- Le Snugli a fait le bonheur de nombreux parents et enfants (c'était un "faux kangourou" car l'enfant y était bien assis). Malheureusement, Rémond en a arrêté la fabrication et il est devenu difficile de s'en procurer.
- Le Tonga est toujours très pratique (c'est sûrement celui qui prend le moins de place !), mais pas assez enveloppant au goût de certains, notamment les tout premiers mois.
- Le modèle foulard ou "hamac" (comme par exemple le porte-câLLLin vendu par LLL France), très facile d'utilisation, permet de porter un bébé ou un bambin dans un tas de positions (couché, assis devant, à califourchon sur la hanche, dans le dos...) et même d'allaiter sans enlever l'enfant du porte-bébé !

Comment dorment les bébés

QUAND CHEZ NOUS, on devient parent pour la première fois, on n'a généralement qu'une idée très vague des besoins d'un bébé et des meilleures façons d'y répondre.

C'est particulièrement vrai pour tout ce qui concerne le sommeil, où des attentes souvent irréalistes engendrent inquiétudes (mon enfant a-t-il un problème de sommeil ?), fatigue, rancœurs (cet enfant m'épuise), envie de dressage, etc.

Aussi n'est-il pas inutile de donner d'abord quelques faits, fondés sur la physiologie et l'observation.

Quelques faits en vrac

On a déjà dit que le petit d'homme naît prématuré si on le compare à l'état d'"achèvement" de beaucoup d'autres petits de mammifères. Cet "inachèvement" est notamment vrai pour le sommeil, qui va peu à peu s'organiser au cours des mois et des années.

À la naissance, les cycles de sommeil sont beaucoup plus courts que chez l'adulte : 50 mn contre 90 mn. Ils vont petit à petit s'allonger jusqu'à l'adolescence.

En phase de sommeil paradoxal (= "sommeil agité" chez les nouveau-nés), le réveil est difficile chez l'adulte, facile chez l'enfant.

Comme le dit le Dr Françoise Delormas, *« connaître les cycles permet d'accepter les rythmes de sommeil et d'éveil chez les tout-petits sans dramatiser : leurs cycles sont plus courts que les nôtres, dans un sommeil encore fragile, mal structuré. À chaque fois qu'ils passent d'un cycle à un autre, ils peuvent se réveiller : ils babillent ou restent tranquillement les yeux ouverts, ou pleurent. »*

Avant 3 mois, il n'y a pas d'organisation circadienne (= sur 24 heures). Après 3 mois, l'influence circadienne augmente, les périodes de sommeil stable s'allongent pendant la nuit, le "sommeil agité" diminue dans la journée. Mais l'organisation circadienne n'est pas terminée avant 2 ans.

La proportion d'enfants qui recommencent à se réveiller la nuit augmente après 9 mois pour être à son maximum dans la deuxième année. À 3 ans, 20 à 35% des enfants se réveillent encore la nuit et cela diminue jusqu'à 5 ans (Dr Nédelcoux du Service d'explorations fonctionnelles du système nerveux au CHU de Bicêtre, 1995). D'après le Dr Jalin (consultation des troubles du sommeil à l'hôpital St Vincent de Paul), les chiffres seraient même plus importants : entre 2 et 3 ans, 60% des enfants se réveilleraient au moins une fois par nuit, mais seuls 5% auraient un vrai trouble du sommeil (*Que Choisir,* janvier 1991). Une toute récente enquête, conduite à Lyon sur 147 enfants de moins de 18 mois, montre que 65% se sont réveillés dans la nuit et ont gardé les yeux ouverts pendant plus de 20 minutes.

Une étude finlandaise portant sur 270 bébés âgés de 0 à 12 mois, avait donné les résultats suivants en 1990 :
– jusqu'à 3 mois, les bébés dormaient un total de 15 h en moyenne (fourchette de 12 à 20 h), 90% se réveillaient au moins une ou deux fois par nuit,
– de 3 à 5 mois, près des trois-quarts se réveillaient une ou deux fois,
– de 6 à 8 mois, les deux-tiers se réveillaient une ou deux fois,
– de 9 à 12 mois, 47% se réveillaient une ou deux fois.

Il est normal pour le bébé de se réveiller la nuit

Face à cette accumulation de chiffres, on peut légitimement se poser la question : si tant de bébés se réveillent la nuit, n'est-ce pas parce que cela répond à un besoin physiologique ?

C'est ce que pense l'anthropologue américain James J. McKenna, qui étudie le sommeil des bébés dans son laboratoire depuis de nombreuses années[1], et relie ces réveils à l'immaturité du petit humain à la naissance.

Cette immaturité porte sur tous les organes et systèmes, et notamment sur le cerveau. Pour McKenna, la médecine et la société occidentales modernes considèrent que les bébés sont physiologiquement autonomes à un âge où ils ne le sont en fait pas encore, et où ils ont toujours besoin d'être "assistés" par la proximité de l'adulte.

Chez le bébé, *les mécanismes d'éveil ne sont pas encore au point.* Or l'on sait que la mort subite du nourrisson (MSN) traduit entre autres une déficience de la capacité à se réveiller. Les réveils nocturnes seraient donc un facteur de protection contre la MSN. Quand le bébé dort seul, il a plus de sommeil profond (phases 3 et 4), pendant lequel il lui est plus difficile de se réveiller lorsque survient une apnée potentiellement mortelle.

Sur un autre plan, il est particulièrement simpliste de décréter, comme le font tant d'"experts" sur le sujet, qu'au-delà de 8 semaines et un poids de 5 kg, les bébés ont des réserves énergétiques suffisantes pour "tenir" toute la nuit sans manger, et qu'il est donc temps de commencer le dressage si l'enfant ne "fait" pas encore ses nuits : les réveils nocturnes ne servent pas qu'à assouvir la faim[2].

Robert Wright, quant à lui, explique ces réveils de façon très imagée : « *Peut-être bien que le cerveau des bébés a été façonné par des millions d'années de sélection naturelle où les mères dormaient avec leurs bébés. Peut-être bien qu'autrefois, si un bébé se retrouvait tout seul la nuit, c'était souvent très mauvais signe (la mère avait pu être dévorée par une bête sauvage, par exemple). Peut-être bien que le cerveau des tout-petits est programmé pour réagir à cette situation en hurlant, de sorte que toute personne proche l'entende et puisse le trouver. Bref, peut-être bien que si les enfants laissés seuls semblent terrifiés, c'est tout simplement parce qu'ils sont vraiment terrifiés.* » (Time, 14/04/97).

Le sommeil partagé

On parle de sommeil partagé lorsque la mère et l'enfant dorment dans une proximité suffisante pour permettre à chacun de percevoir les signaux et messages sensoriels de l'autre : cela peut être bien sûr l'enfant dans le lit familial, mais aussi l'enfant dans un petit lit accroché "en side-car" au grand lit, le bébé dans son berceau dans la chambre des parents, l'enfant sur un petit matelas à côté du grand lit, etc.

McKenna a observé que le sommeil de bébés dormant à proximité des parents *(co-sleeping)* est différent du sommeil de bébés dormant dans une pièce séparée. En cas de sommeil partagé, il y a plus de sommeil léger (phases 1 et 2), plus de réveils et de réveils simultanés mère/enfant, augmentation du nombre et de la durée des tétées nocturnes, beaucoup plus de contacts physiques mère/enfant, quatre fois plus d'"inspections maternelles" (toutes les fois où la mère, sans même s'en rendre compte ni se réveiller, vérifie que l'enfant va bien, n'a pas froid ou chaud, remet une couverture ou l'enlève, etc.). Comme l'écrit McKenna, *« cette façon de dormir permet à la mère (et au père) de réagir rapidement si l'enfant pleure, s'il s'étouffe ou encore s'il a besoin qu'on lui dégage les voies nasales, qu'on le rafraîchisse, qu'on le caresse, qu'on le berce ou qu'on le prenne dans les bras. Cela contribue à régulariser la respiration de l'enfant, son sommeil, ses modes d'éveil, son rythme cardiaque et sa température. »*[3]

Et paradoxalement, cette façon de faire est aussi la meilleure façon de préserver le sommeil des parents. En effet, même si elle augmente le nombre des réveils nocturnes, elle diminue le temps global d'éveil. Très souvent, ni l'enfant ni la mère (ni le père !) ne se réveillent complètement. La nuit se passe, et au petit matin, on ne se souvient même pas que l'enfant s'est réveillé !

> *Beaucoup de parents ont peur de rouler sur leur enfant et de l'écraser pendant la nuit, mais des études ont montré que même en dormant, les parents sont extrêmement conscients de la présence de leur bébé.*
>
> *Attention cependant, certaines circonstances peuvent engendrer des risques, et l'on s'accorde en général sur les précautions suivantes : pas de lit partagé en cas de tabagisme, d'ingestion d'alcool, de prise de drogues ou de médicaments diminuant la vigilance ; pas de matelas ni d'oreillers mous dans lesquels l'enfant pourrait s'enfoncer ; pas d'espace entre le lit et le mur où l'enfant pourrait tomber et rester coincé ; pas de sommeil partagé sur un canapé.*

Cette façon de faire, pratiquée depuis l'aube de l'humanité, suscite chez nous beaucoup de réticences. Les parents qui l'adoptent n'y viennent en général qu'après avoir essayé beaucoup d'autres solutions, et sont souvent critiqués par leur entourage.

Selon l'ethnologue Marcel Mauss, « *l'humanité peut assez bien se diviser en gens à berceaux et gens sans berceaux (...) Dans les pays à berceaux se rangent presque tous les peuples de l'hémisphère nord.* »[4] Or le recours au berceau marque déjà une distance matérielle nette entre la mère et son enfant qui, de jour comme de nuit, repose sur une couche indépendante.

Nous sommes d'un pays "à berceaux", et il nous est difficile d'aller à l'encontre de notre culture. Quand nous le faisons, nous nous sentons toujours vaguement coupables. De plus, si les parents prennent l'enfant dans leur chambre ou leur lit parce qu'ils sont au bord de l'épuisement, il arrive que ça ne se passe pas bien, que les nuits soient encore plus chaotiques, et que le sommeil partagé soit alors rejeté comme une fausse solution. Il faut savoir en effet que dormir à trois, ça s'apprend, comme dormir à deux. Et qu'il est très différent de dormir régulièrement avec son enfant depuis sa naissance, et de tenter le sommeil partagé avec un bébé de quelques mois, avec lequel on se "bagarre" depuis quelque temps déjà autour du sommeil.

Une étude récente[5] a ainsi comparé les pratiques de sommeil partagé dans deux cultures très différentes, les États-Unis et le Japon. Au Japon, le fait que l'enfant dorme entre ses parents est appelé kawa, ce qui signifie "rivière entre les berges" : il est normal que l'enfant dorme entre deux adultes qui le protègent. Aux États-Unis, comme chez nous, la norme est le sommeil solitaire, ce qui retentit aussi sur les familles pratiquant le sommeil partagé. On a observé que les enfants américains qui dormaient avec leurs parents avaient plus de réveils nocturnes que ceux dormant seuls, alors que chez les enfants japonais dormants avec les parents, la fréquence des réveils nocturnes était la même que celle constatée chez les enfants américains dormants seuls.

Endormissement et rendormissement

Nous sommes un pays "à berceaux" où pour corser l'affaire, on a décrété au début du 20ème siècle que « *le meilleur berceau est celui que l'on ne peut pas bercer* » ![6]

De nos jours, les consignes données aux parents sont non seulement de ne jamais prendre l'enfant dans leur lit, mais aussi de "ne pas attendre qu'il s'endorme pour quitter la chambre". On exige de lui qu'il s'endorme seul, sans l'assistance de l'adulte et avec la seule aide d'une éventuelle sucette, de son pouce quand il le trouve, d'une peluche ou autre "doudou". *« L'endormissement et l'apaisement sont perçus comme un apprentissage à accomplir par l'enfant de façon solitaire dès son plus jeune âge. »*[7]

Presque partout ailleurs dans le monde, on accompagne l'enfant dans le sommeil, soit en l'endormant au sein, soit en le berçant (dans un berceau ou dans un hamac), soit par des tapotements rythmés (Afrique), soit par des berceuses[8].

Jusqu'à quand ?

L'idéal serait bien sûr que l'enfant puisse prendre son autonomie quant au sommeil le jour où il y sera prêt. Et dans ce cas, l'expérience montre qu'un jour, il aura envie d'avoir son lit, sa chambre (il est important qu'il ne se sente pas *obligé* de rester avec ses parents parce qu'il n'y aurait pas pour lui d'autre lieu où dormir dans la maison). S'il a des frères et soeurs, il aura peut-être envie de partager leur sommeil, plutôt que de se retrouver tout seul.

Mais certaines circonstances peuvent amener à vouloir accélérer un peu les choses.

Il faut savoir tout d'abord que certains enfants ont des nuits vraiment très perturbées, et que cela peut être le signe d'un malaise quelconque. Certains parents ont vu de grandes améliorations à la suite de séances d'ostéopathie, de changements alimentaires[9], etc.

D'autre part, nous adultes ne sommes pas égaux face au sommeil. Nous n'avons pas tous besoin du même nombre d'heures de sommeil, nous nous rendormons plus ou moins facilement après une interruption, nous arrivons ou non à faire la sieste, etc. Et donc, nous supportons plus ou moins bien les nuits entrecoupées par l'arrivée d'un bébé.

Les besoins de l'enfant évoluent avec l'âge. Là où un nouveau-né ne peut attendre, un enfant plus grand pourra, lui, accepter un remaniement à ses habitudes. Le père arrive souvent bien, alors, à le sevrer la nuit, en allant le voir, le bercer, lui expliquer que tout le monde dort, etc.

À chaque famille de trouver la solution qui respecte au mieux les besoins de tous ses membres, et de rester assez souple pour savoir en changer si le besoin s'en fait sentir.

Doudou or not doudou ?

De nos jours, il semble quasi obligatoire pour un petit d'avoir un "objet transitionnel" ("doudou", couche en tissu, bout de tissu quelconque, nounours ou autre peluche, etc.) ou un "geste transitionnel" (essentiellement le fait de sucer son pouce). Dans toute crèche qui se respecte, on insiste sur l'importance de cet objet ou de ce geste.

Et pourtant, combien de mères pratiquant un maternage différent (allaitement long, sommeil partagé, séparations moins précoces et moins nombreuses qu'en moyenne) ont remarqué une absence de doudou...

Bien sûr, un jour ou l'autre, l'enfant devra s'individuer et se sentir bien sans la présence de sa mère. Mais la vogue de l'objet transitionnel ne serait-elle pas une réponse (bien peu satisfaisante) à des séparations trop précoces et trop longues ? C'est en tout cas l'avis de Desmond Morris qui écrit dans Le bébé révélé *(éditions Calmann-Lévy) :* « Seul dans sa chambre, le bébé ressent le besoin d'un peu de réconfort maternel – qu'il ne peut obtenir quand sa mère le met au lit (...) Les plus débrouillards s'arrangent pour utiliser une partie de leur literie ou un autre objet doux qu'ils trouvent dans leur berceau et contre lequel ils se blottissent (...) Ce qui n'est pas naturel, ce n'est pas le doudou, mais l'habitude de laisser seuls les tout-petits quand on les couche. »

Pleurs, chagrins, douleurs

Face aux pleurs de leur bébé, les parents se sentent souvent désemparés et impuissants. Pourquoi pleure-t-il ? Doivent-ils le laisser pleurer parce que "ça lui fait les poumons", "c'est un caprice, il est en train de vous manipuler", "il a besoin de pleurer pour exprimer ses sentiments", etc. ? Sinon, comment le consoler ?

Pourquoi pleurent-ils ?

Il existe un courant de pensée (représenté en France par les livres d'Aletha Solter*) qui affirme que les pleurs sont essentiellement pour le bébé un moyen de s'exprimer, de sortir ses

---

* lire à ce propos *Pleurs et colères des enfants et des bébés*, d'Aletha Solter (éd. Jouvence, 2000)

frustrations, ses colères, ses chagrins, la douleur de la naissance, etc. Et si l'on fait quelque chose pour calmer ces pleurs, on étouffe dans l'œuf l'expression de ses sentiments.

On peut avoir une autre interprétation des pleurs, les voir plutôt comme le moyen qu'utilise le bébé pour nous faire connaître ses besoins, notamment quand on a négligé d'autres signaux plus subtils (par exemple, un bébé qui veut téter commence par faire des mouvements de bouche, tourner la tête..., et ne se met à crier que si personne n'a compris avant).

Comme le dit le Québécois Léandre Bergeron, *« nous adultes, utilisons le cri vraiment en dernier recours, quand on est coincé dans une situation où la panique nous prend. Le bébé fait de même. S'il pleure, c'est que tous les autres moyens subtils qu'il a utilisés pour faire savoir son état n'ont pas été compris et que, maintenant paniqué, il utilise le seul moyen qui lui reste, le cri de détresse et de désespoir, les pleurs. »*

Si l'on a un minimum d'empathie avec le bébé, on sentira profondément que ces pleurs ne sont pas bénéfiques à l'enfant. Mettez-vous cinq secondes à la place de l'enfant, et sentez à quel état correspondrait chez vous de tels cris...

Une fois qu'on a fait la différence entre les cris comme appels pour manifester un besoin, et les cris servant à décharger la tension, la colère, le chagrin (ils existent, bien sûr, et il peut être impossible – voire effectivement nuisible – de vouloir à tout prix les empêcher), reste une interrogation de base : ces tensions, ces colères, ces chagrins sont-ils, quoi qu'on fasse, inévitables dans l'expérience du bébé et du petit enfant, ou ne sont-ils pas souvent le fruit d'un maternage ignorant de ses besoins essentiels ?

Le message fondamental d'Aletha Solter, c'est que tous les bébés ont de bonnes raisons de pleurer. Dans *Votre enfant comprend tout*, elle écrit : « *Tous les enfants ont probablement besoin de pleurer chaque jour, même s'ils sont très bien traités.* »

L'étape suivante du raisonnement, c'est bien sûr de penser qu'un bébé qui ne pleure pratiquement jamais, est en danger, car il doit être bardé d'"automatismes de contrôle" qui peuvent le mener... à l'autisme !

Autant je suis d'accord pour dire qu'il est mauvais d'empêcher l'enfant d'exprimer son chagrin ou sa douleur ("mais non, tu n'as pas mal", "c'est rien, ça va passer", "arrête de pleurer comme ça"), autant je pense qu'il est de notre devoir d'être humain en général, et de parent en particulier, d'éviter aux autres le plus possible les souffrances inutiles, et si elles ont quand même lieu, de consoler par les moyens à notre disposition, tout en reconnaissant cette souffrance.

Laisser pleurer, voire encourager à pleurer (même en tenant l'enfant dans ses bras), et penser que cela est bon, n'est-ce pas finalement une sorte de sadisme ?

Les nouveaux parents trouveraient davantage profit à lire *Pourquoi pleurent-ils,* de Hetty van de Rijt et Frans X. Plooij (Albin Michel, 1997), deux Hollandais, l'une anthropologue spécialiste de la petite enfance, l'autre psychobiologiste, qui étudient depuis vingt-cinq ans le développement des bébés et l'attitude des mères face à ce développement.

Leur conclusion est que presque tous les bébés passent par des phases où ils pleurent davantage et sont plus "crampons". Et que ces périodes correspondent à des changements importants que vit le bébé et qui le perturbent. Les auteurs décrivent en détail ces "bonds en avant" (ils en comptent sept au cours de la première année) et donnent aux parents des idées pour aider leur bébé à traverser ces zones de "turbulences". Idées fondées sur l'importance de la relation, du contact physique, du portage, du massage, du bercement, des caresses.

Quand le bébé pleure vraiment beaucoup

Les pleurs des bébés sont faits pour provoquer chez l'adulte un comportement d'attachement ou de réconfort. Mais certains bébés crient tellement que leurs mères en arrivent en fait à ne plus les écouter.

C'est ce que le Dr Williams Sears, dans son livre *Le bébé difficile*, illustre par la "courbe des pleurs" : les pleurs du bébé ne cessant pas, il s'installe chez le parent une fatigue émotionnelle qui finit par provoquer une réaction d'évitement.

Les pleurs "excessifs" des bébés peuvent avoir de multiples causes : suites d'un accouchement difficile, poussée de croissance, coliques, maladie, bébé aux besoins intenses[1] ou bébé ne supportant pas trop de stimulations[2].

Dans certains cas, le fait de trouver la ou les causes va entraîner des changements qui suffiront à apaiser rapidement le bébé. Dans d'autres cas, il n'y a pas de solution miracle, mais le simple fait de savoir pourquoi leur bébé est mal, permettra aux parents de continuer à s'en occuper sans se sentir submergés. Ajoutons que parfois on ne trouve jamais de cause, ce qui n'empêche pas d'essayer tous les petits "trucs" permettant d'apaiser le bébé.

Coliques...

Devant un bébé qui pleure souvent, longtemps[3], parfois de façon inconsolable, mais qui par ailleurs est en bonne santé, le diagnostic est souvent : coliques du nourrisson.

Pour certains, les coliques seraient la manifestation de l'immaturité du système nerveux dans les premiers mois. ➡

➡ *Comme on l'a déjà dit, le bébé naît à un moment où la maturation de son cerveau, de son système nerveux en général, de son système digestif, de son système immunitaire, etc., est loin d'être terminée. D'où, peut-être, ces "douleurs de croissance" que seraient les coliques* [4].

D'autres mettent en cause : des changements hormonaux chez la mère au cours des trois premiers mois, qui pourraient causer des spasmes intestinaux chez l'enfant allaité ; une maladie du bébé, ou un problème respiratoire l'empêchant de réguler correctement son sommeil et son oxygénation ; un sommeil perturbé où les phases de sommeil léger et de sommeil profond ne sont pas bien organisées au cours des trois premiers mois ; des problèmes alimentaires (intolérance aux protéines de lait de vache), etc.

Si les études ne sont pas toutes d'accord sur les causes, elles s'accordent par contre à dire qu'il est non seulement cruel et dangereux[5]*, mais aussi contre-productif de "laisser pleurer" le bébé : globalement plus on répond aux pleurs des bébés, plus on les porte, plus on les console, moins ils pleurent*[6].

À plus long terme, on a montré que les mères qui décident très tôt que leur bébé est difficile, se retiennent davantage quand il s'agit de répondre à ses pleurs, et ont moins tendance à avoir des "conversations" avec lui (Shaw, 1977). Or ces vocalisations réciproques sont très importantes pour le développement du langage, et si un parent évite son bébé qui pleure, celui-ci aura lui aussi tendance à couper la communication.

Voici quelques idées pour apaiser le bébé qui pleure, expérimentées par des parents[7]. Nul doute que vous pourrez en trouver encore d'autres.

Il est clair que si les pleurs sont dûs à la faim, augmenter les tétées en nombre et en durée peut suffire à résoudre le problème. Même si ce n'est pas le cas, beaucoup de bébés se calmeront au sein, à la grande satisfaction des parents (combien de mères se sont dit : qu'est-ce que j'aurais fait avec ce bébé si je ne l'avais pas allaité ?!), car la tétée calme le système nerveux, aide à réguler la respiration et libère des endorphines.

Si c'est l'air avalé qui provoque les cris, il faudra veiller à bien faire roter le bébé (éventuellement plusieurs fois au cours d'une même tétée).

Si l'on soupçonne une substance ingérée par la mère allaitante (aliment allergénique, médicaments, caféine, etc.), quelques jours d'éviction du produit permettront de juger de sa responsabilité réelle.

Beaucoup de ces "pleurs excessifs" se résoudront avec le temps (ce n'est pas pour rien qu'on parle des "coliques des trois premiers mois"), mais en attendant, connaître un certain nombre de "trucs" qui ont marché pour beaucoup de bébés, permettra à l'enfant et à ses parents de vivre mieux ces moments difficiles.

Il faut savoir que toutes ces idées ne fonctionnent pas pour tous les bébés ; qu'une méthode peut marcher un jour et pas le lendemain ; qu'il faut donc avoir une "palette" de trucs entre lesquels on peut jongler ; que pour certains bébés, ce qui marche, c'est une suite de gestes enchaînés dans un certain ordre, une sorte de "rituel" ; qu'il n'est pas évident d'être imaginatif lorsqu'on est épuisé, et qu'il vaut donc mieux avoir une batterie d'idées toutes faites et déjà éprouvées ; que c'est principalement la mère qui essaiera d'apaiser son bébé, mais que le père ou tout autre adulte (voire les grands frères et les grandes sœurs) peut utiliser ces techniques.

- *Porter le bébé dans un porte-bébé.* Penser que certains bébés aiment être installés de face afin de voir ce qui se passe autour d'eux.
- *Envelopper le bébé* dans une couverture ou un lange : certains bébés ont besoin de se sentir "contenus", sans quoi ils se sentent désorganisés et perturbés.
- *Bercer le bébé.*
- *Marcher avec le bébé.*
- *Utiliser le "balancement maternel" :* la mère porte le bébé contre son épaule ou dans ses bras, et sans bouger les pieds, se balance d'une jambe sur l'autre.
- *Passer l'aspirateur avec le bébé* dans le porte-bébé ! Pas mal de bébés trouvent apaisants le mouvement et le bruit ronronnant de l'aspirateur (ou les vibrations du sèche-linge !).
- *Aller faire un tour en voiture* avec le bébé.

- *Placer le bébé* devant quelque chose qui va retenir son attention. On sait que les premières semaines, les bébés s'intéressent particulièrement aux graphismes en noir et blanc très contrastés ou contenant du rouge, ainsi qu'aux lumières en tout genre.
- *Mettre le bébé devant un miroir* – les bébés adorent regarder les visages – ou devant... un aquarium où nagent des poissons !
- Si le temps le permet, *aller dehors* et laisser le bébé regarder les feuilles bouger doucement dans la brise.
- Essayer l'une des quatre variantes de la *position "anti-coliques"*, la plus courante étant celle où le bébé est à plat ventre sur l'avant-bras de l'adulte, sa tête dans le creux du coude, la main tenant ses jambes.
- *Essayer le massage "I love you"* dont parle le Dr Sears dans *Le bébé difficile*. Le bébé est couché sur le dos, la tête vers l'adulte. Ce massage suit la courbe naturelle du gros intestin du bébé, et permet d'aider les poches d'air à s'évacuer vers le rectum.
- Lorsqu'on porte l'enfant sur son épaule, *masser doucement son dos* (plutôt que de le tapoter : le tapotage peut être utile pour aider au rot, mais c'est quand même un peu violent ; pour essayer de calmer un bébé qui pleure, un geste doux est plus indiqué).
- Certains bébés peuvent se calmer *à l'aide d'une sucette,* s'ils ont un besoin de succion non

nutritive particulièrement intense (mais attention au risque de dépendance !). Pour éviter la confusion sein/tétine, mieux vaut ne pas la proposer avant que l'allaitement ne soit bien installé. En attendant, le parent peut proposer son doigt (propre et à l'ongle court) à sucer au bébé.
- *Un bon bain chaud* (une fois le cordon cicatrisé) pris ensemble peut être très relaxant pour le bébé et pour le parent.
- *Chanter.* Les bébés adorent la voix de leur mère et ils se moquent de savoir si elle chante juste !
- *Danser avec le bébé.*

Soulager la douleur de l'enfant malade

En 1987, le *Lancet,* prestigieuse revue médicale britannique, entreprit de faire une étude comparative des protocoles opératoires d'une opération à cœur ouvert (ligature du canal artériel) chez des prématurés. Passant en revue quarante publications scientifiques, les chercheurs furent assez étonnés (le mot est faible) de s'apercevoir que sur plus de 500 compte-rendus opératoires, les trois-quarts ne comportaient pas de protocole anesthésique. C'est-à-dire que les bébés étaient opérés avec seulement des injections de curare destinées à les paralyser et ainsi faciliter les gestes chirurgicaux !

Depuis, les bouches se sont ouvertes pour dénoncer ce scandale : au début des années 90, on estimait qu'en France, seul un enfant sur 500 était correctement soulagé.

Des professionnels de santé se sont mobilisés, des associations se sont créées[8], des produits ont été commercialisés[9], des études ont été faites qui font qu'aujourd'hui, il est possible de soulager la douleur de l'enfant malade, blessé ou opéré.

On dispose maintenant d'outils d'évaluation[10] permettant d'apprécier la douleur d'un enfant trop petit pour la dire verbalement. Si on l'observe bien, on voit qu'il la dit par ses gestes, ses postures, son immobilité...

On sait aussi l'effet analgésique des solutions sucrées (saccharose, fructose, glucose, lactose), du lait (grâce au lactose, semble-t-il), de la succion non nutritive de tétines et du contact peau à peau[11]. Certains services commencent à accepter la présence des parents lors des soins, y compris les soins douloureux, parce qu'ils en reconnaissent le bénéfice pour l'enfant.

C'est à chaque parent de connaître ses droits à rester avec son enfant (voir la circulaire ci-après), le droit de l'enfant à être soulagé de sa douleur et bien traité, et de les imposer, sans agressivité inutile, mais avec fermeté.

Une circulaire à connaître

Parue en 1983, la circulaire n° 83-24 sur "L'hospitalisation des enfants" devrait être connue de tous les parents. Elle dit notamment : « L'admission conjointe "mère ou père/enfant est à développer (...) Cette admission conjointe doit être possible quelle que soit la nature de la maladie, et non pas seulement dans les cas les plus graves (...) Pour faciliter l'admission conjointe parent/enfant, nous vous demandons de prévoir l'existence de chambres conçues à cette fin à l'occasion de toute construction ou rénovation. Toutefois, dès à présent, et dans presque tous les cas, il suffit d'aménagements peu coûteux (lits pliants par exemple) pour permettre la présence d'un des parents (...) Les parents doivent pouvoir assister aux soins médicaux et infirmiers s'ils le souhaitent (...) En tout état de cause, le père, la mère ou une autre personne qui s'occupe de l'enfant doit pouvoir rester auprès de lui aussi longtemps qu'ils le souhaitent, à condition de ne pas contrarier l'action médicale ni de troubler le repos des autres malades. »

Respecter le corps de l'enfant, respecter ses rythmes

Il SEMBLE QUE DE TOUT TEMPS, on se soit cru obligé d'intervenir sur le corps de l'enfant : pour le rendre "beau" (façonnage du crâne, du nez, emmaillotage serré pour le "redresser"), nier sa part "animale" (interdiction de la marche à quatre pattes), accélérer son développement (mise sur le pot dès quelques mois, dispositifs variés pour le "faire marcher" avant l'heure), etc.

De nos jours, on n'emmaillote plus les bébés, mais on les laisse des heures durant tassés et attachés dans leur transat ou leur maxi-cosy. On continue à vouloir les faire marcher. On continue à vouloir leur "apprendre la propreté".

Est-il si difficile de respecter le corps de l'enfant et le rythme de son développement ?

Liberté de manœuvre pour les bébés !

À la naissance de mon premier enfant, voilà plus de vingt-cinq ans, mes sources d'information en matière de développement psychomoteur de l'enfant se limitaient aux magazines style *Parents* et aux manuels de puériculture grand public.

Aussi fus-je étonnée de le voir commencer à marcher à quatre pattes vers 6 mois et s'asseoir seulement un ou deux mois plus tard. En effet dans tous les tableaux publiés par ces manuels et magazines, on trouvait l'ordre chronologique inverse : d'abord la position assise, puis le quatre pattes.

Ce n'est que plus tard, en prenant connaissance des travaux d'Emmi Pickler, que je compris que mon enfant était "normal" et que tous ces tableaux reflétaient en fait un développement "déformé" de l'enfant auquel on n'avait pas laissé sa liberté de mouvement. D'ailleurs, en les lisant mieux, je m'aperçus qu'il y était indiqué "tient assis" (sous-entendu : si on l'assied) et non "s'assied"...

Le Dr Emmi Pickler est une pédiatre hongroise qui en 1946 fut chargée de diriger l'Institut Loczy, une pouponnière où les enfants, âgés de quelques semaines à 3 ans, vivaient 24 heures sur 24, privés momentanément ou définitivement de leur famille.

On sait, notamment après les travaux de Spitz, que les enfants vivant ainsi en institution peuvent présenter des signes d'"hospitalisme", une sorte de dépression profonde entraînant un retard de développement, voire la mort.

Pour éviter ce risque, Loczy mit en place un certain nombre de pratiques qui depuis ont été adoptées par nombre de pouponnières et autres lieux d'accueil (crèches, garderies, etc.) :
– chaque groupe de huit enfants était confié à quatre personnes, qui en assumaient totalement la responsabilité et ne changeaient pas, de l'arrivée de l'enfant à Loczy à son départ (alors que partout ailleurs, l'enfant n'avait plus affaire aux mêmes personnes quand il passait des "petits" chez les "moyens" puis chez les "grands") ;
– un grand effort était fait pour individualiser les enfants, grâce notamment à un travail d'observation permettant de les connaître intimement ;
– une attention particulière était apportée aux périodes de soins (change, bain, habillage, nourrissage), moments d'interaction entre l'adulte et l'enfant ;
– entre ces moments, l'enfant était laissé libre de vaquer dans un espace à sa mesure, aménagé en conséquence.

C'est grâce à ces observations d'enfants "en liberté" que le Dr Pickler acquit une connaissance très fine et complète du développement moteur de l'enfant. Les très nombreux dessins exécutés par la dessinatrice Klara Papa (d'après "modèles vivants"!) qu'on trouve dans son ouvrage *Se mouvoir en liberté dès le premier âge* en sont la preuve.

Le credo d'Emmi Pickler était qu'il ne faut ni empêcher un enfant de se mouvoir (par exemple en le laissant des heures attaché dans un transat) ni le mettre dans une position qu'il ne sait pas encore prendre de lui-même. Pour la citer : « *Le jeune enfant dont on n'entrave pas, mais ne hâte pas non plus le développement – et si dès le départ il a été couché sur le dos, et non sur le ventre –, lorsqu'il se trouve dans une position où il se sent à l'aise (c'est-à-dire celle qu'il peut prendre et quitter de lui-même) se meut dans un bon équilibre tonique, en exécutant des gestes, en prenant des attitudes très variées (...) Ce genre d'ensemble tonique coordonné se désorganise lorsqu'on maintient l'enfant dans une position plus évoluée que celles qu'il a déjà acquises. Dès lors, ce n'est qu'une partie du corps qui est active, tandis que certains groupes musculaires sont condamnés à la passivité (ainsi, les jambes du tout jeune enfant lorsqu'on le maintient assis) ; ou alors, une tenue défectueuse provoque en de nombreux points des crispations (par exemple, lorsqu'on fait marcher un enfant qui ne marche pas encore tout seul).* »

L'expérience montre en effet que les enfants qu'on a laissés ainsi libres de découvrir par eux-mêmes les possibilités de leur corps et de leur environnement, se meuvent de façon beaucoup plus harmonieuse et moins dangereuse : il est rare qu'ils se fassent mal, ils savent monter et descendre les escaliers à quatre pattes bien avant de marcher debout, etc.

À propos des apprentissages précoces

Venue des États-Unis (Glen Doman et ses "Better Babies Institutes"), une idée s'est répandue en France à la fin des années 80 : la mère peut tout faire pour son enfant, et notamment lui servir d'instructrice. Elle doit le faire, et le plus tôt possible, car si elle ne le fait pas, elle empêche son enfant de développer toutes les potentialités extraordinaires qui sont en lui.

Il est sûr que les enfants ont des capacités insoupçonnées, souvent laissées en friche. Mais cette idée que la mère doit se transformer en "coach" de son enfant pour être une bonne mère et ne pas empêcher un futur Mozart de s'épanouir, fait peur.

Le rôle des parents est d'aimer leurs enfants, de les ouvrir et de les éduquer à la vie, pas de leur apprendre le violon, l'informatique et le japonais à 18 mois...

Les risques d'un tel "surentraînement" semblent évidents. Cela conforte chez la mère un fantasme d'omnipotence ("je suis la seule à pouvoir tout apporter à mon enfant") absolument écrasant pour l'enfant. Écrasante également l'attente que l'enfant sent chez la mère. On sait qu'un enfant a naturellement tendance à répondre à l'attente de ses parents. Que se passera-t-il s'il n'arrive pas à "suivre le programme" ? Et quelle vie que la sienne s'il arrive à le suivre... Aux États-Unis, on voit des dépressions nerveuses chez des enfants de 4 ans, et il existe maintenant des psychothérapies pour réapprendre aux parents à jouer avec leurs enfants sans arrière-pensée éducative !

On a parfois comparé le rôle éducatif des parents à celui de jardiniers qui plantent la graine, lui fournissent une bonne terre, de l'eau, une bonne exposition au soleil. Eh bien, soyons plutôt des jardiniers biologiques que des jardiniers industriels qui à coup d'engrais chimiques, forcent la plante à pousser plus vite et plus grosse. Tout le monde sait que les fruits et les légumes "forcés" ont moins bon goût...

Et comme nous y invite la psychologue Etty Buzyn[1], laissons à nos enfants "le temps de rêver" !

Faut-il "socialiser" les bébés à 3 mois ?

« *La crèche est née d'une nécessité sociale, le travail des femmes. Elle n'a pas été créée pour les besoins des enfants, mais pour celui des parents. La nuance est de taille. A-t-on demandé leur avis sur les charmes de la vie de groupe aux enfants que l'on dépose à la crèche pour la journée ? L'idée véhiculée aujourd'hui de la toute-puissance de ses pouvoirs éducatifs et des vertus de la vie collective pourrait bien se retourner contre eux, et culpabiliser davantage les parents. Comment rivaliseraient-ils, ces non-spécialistes, qui n'ont pas appris à aimer et élever un enfant ? Pourquoi ne démissionneraient-ils pas puisque l'institution fait mieux ? Rien n'est plus redoutable que ces mères qui enfouissent leurs émotions au point de trouver 'normal', salutaire, que bébé pleure le matin, au moment de la séparation, même si les larmes s'éternisent pendant des mois.* »

Ces lignes sont extraites d'un livre, *Nos enfants sont-ils heureux à la crèche ?*, écrit par une journaliste et une directrice de crèche[2]. Il pose plein de questions que la société ferait peut-être bien de se poser aussi. N'y a-t-il pas des enfants auxquels la crèche ne convient pas comme mode de garde ? La socialisation précoce du nourrisson n'est-elle pas une "belle supercherie" ? N'en fait-on pas trop en matière d'"activités d'éveil" ? Vouloir l'autonomie des enfants de 3 mois à

2 ans n'est-il pas "totalement irréaliste puisque c'est l'âge de la plus grande dépendance" ?

Plus récemment, des pédiatres se sont aussi élevés contre la collectivisation précoce qui multiplie les petites maladies et ont demandé un congé maternité de 6 mois. L'ANAES (Agence nationale d'accréditation et d'évaluation en santé) a publié en 2000 des recommandations en ce qui concerne la bronchiolite du nourrisson (qui touche 30 % des enfants de moins de 2 ans) qui suggèrent comme mesure préventive la prolongation du congé maternité afin de reporter tout mode de garde collective au-delà des 6 mois de l'enfant.

Laisse mes fesses tranquilles...

Il ne viendrait à l'idée de personne de forcer un enfant à parler avant qu'il ne soit prêt à le faire.

L'acquisition de la propreté, qui devrait se faire de façon aussi simple (sauf évidemment en cas de problèmes physiques ou psychologiques), a pourtant, pendant une très longue période, tenu davantage du dressage que d'autre chose.

On sait maintenant que, comme pour toute acquisition, l'enfant devient propre :
– lorsqu'il y est prêt physiologiquement et neurologiquement (le contrôle des sphincters est acquis en général entre 20 et 30 mois),

– lorsqu'il a eu des modèles - parents, frères et soeurs, autres enfants - qu'il a vu aller "faire leurs besoins" dans un endroit prévu pour,
– et lorsqu'il a envie de "faire comme les grands".

L'expérience montre que si l'on attend vraiment que l'enfant soit prêt, sans l'asticoter à tout bout de champ avec le pot, il peut devenir "propre" en quelques jours, voire même du jour au lendemain.

Et il le sera alors *vraiment*, c'est-à-dire sans "accidents" ni régressions[3], sans qu'il soit nécessaire de lui demander toutes les cinq minutes "s'il n'a pas envie".

Contrairement au dressage où le corps de l'enfant ne lui appartient pas, mais est sous la domination de l'adulte, une véritable acquisition de la propreté permet à l'enfant de sentir ce qui se passe dans son corps et d'aller de lui-même aux toilettes quand il en ressent le besoin.

Notons pour terminer que cette façon de faire aide également à l'acquisition de la propreté nocturne, qui est beaucoup moins volontaire. En effet, si on laisse l'enfant libre, il va jouer à se retenir, augmentant ainsi la capacité de sa vessie à se remplir sans avoir besoin d'être vidée. Car l'idéal, n'est-ce pas, ce n'est pas un enfant qui doit se lever trois fois par nuit pour uriner (même s'il le fait tout seul), mais un enfant qui peut dormir d'une traite sans avoir à se lever.

> *Emmi Pikler, la pédiatre hongroise dont je parle plus haut, raconte :*
>
> *« Le siège de Budapest en 1944-45, les mois de restrictions, les difficultés d'alimentation, les hivers sans chauffage, incitèrent la plupart des mères – sans aucune considération théorique – à ne pas 'éduquer' leurs enfants à la propreté. C'est ainsi que par la force des choses, un groupe important d'enfants fut soustrait à cette éducation, ne fut pas sollicité à aller sur le pot.*
>
> *Par miracle, ou justement plutôt sans qu'il y ait miracle, les enfants devinrent propres. Pas tous naturellement, mais tous ceux qui pendant ce temps, étaient restés dans leur famille, et avaient un état général grosso modo satisfaisant. D'un jour à l'autre, ils déclarèrent qu'ils ne voulaient plus de couches et qu'ils voulaient faire leurs besoins comme les grands. Beaucoup durent insister, car toute la famille essayait de les dissuader, préférant attendre encore parce que notamment il n'y avait pas de chauffage. Les enfants ne changèrent pas d'avis, et devinrent propres. »*

... et mon zizi aussi !

Sur ce sujet, je voudrais citer un article du pédiatre Aldo Naouri[4] qui explique bien pourquoi « *sur une verge d'enfant, il ne faut RIEN faire, RIEN. Ni tirer doucement, ni tirer fortement. Ni dilater ni faire coulisser. Il n'y a pas plus à faire que sur le bout du nez ou sur les doigts de pied.*

(...) À la naissance, la verge du petit garçon est un organe qui n'a pas achevé son développement, lequel se poursuivra tout le long de la petite enfance, de l'enfance et de la pré-adolescence.

(...) Chez 95% des nouveau-nés, l'orifice préputial est serré. On voit mal pourquoi ce qui est si répandu serait autant ignoré et dénié dans son caractère de "normal". Par ailleurs, le feuillet interne du prépuce n'est pas encore clivé du feuillet superficiel du gland, et ce sont les processus progressifs de développement qui en assureront la différenciation. Cette différenciation se fera plus ou moins vite, ce qui est interprété abusivement comme l'existence "d'adhérences" ! »

Trop de manuels et d'articles de puériculture conseillent encore aux mères de décalotter (ou tenter de décalotter) régulièrement le pénis de leurs petits garçons ; trop de pédiatres pratiquent encore, en toute bonne conscience (et sans prévenir les parents à l'avance), un décalottage brutal à l'occasion d'une visite de routine, pour qu'on ne prenne pas la peine d'informer les parents : ces décalottages, qu'ils soient doux ou brutaux, ne font que blesser et déchirer, créant des séquelles physiques et psychologiques. Alors qu'il aurait été si simple d'attendre et de voir venir...

A belles dents...

Nombreux sont les bambins qui, à un moment ou à un autre, passent par une phase où ils mordent, griffent, bousculent, tirent les cheveux, etc. Les victimes sont d'abord les mères (je me souviens encore des "délicates" et imprévisibles morsures qu'un de mes fils infligeait à mon épaule gauche lorsque je le portais dans les bras !), mais aussi les autres enfants côtoyés au jardin public, à la crèche, etc.

Et plus d'une mère s'est indignée – plus ou moins ouvertement – de voir son petit agressé, pour s'apercevoir avec horreur quelques mois plus tard que le mordu était devenu mordeur !

Parmi toutes les agressions possibles, en effet, celle qui frappe le plus les esprits est sans nul doute la morsure, en ce qu'elle réveille davantage de peurs et de tabous (animalité, cannibalisme) et qu'elle est celle qui laisse la trace la plus tangible : deux rangées de dents bien imprimées dans la chair !

Les explications sont diverses. Certains pensent que l'enfant prend ainsi contact avec le monde extérieur : avec les objets, qu'il porte sans cesse "à la bouche", et avec les personnes, qu'il aimerait bien "goûter" aussi. En grandissant, sa communication avec les autres passera toujours par la bouche, mais sous forme de... paroles (on note d'ailleurs bien souvent que les enfants mordeurs ne parlent pas encore).

D'autres pensent qu'en mordant, l'enfant exprimerait sa peur face à une situation qui le déstabilise et qu'il ressent comme dangereuse (déménagement, grossesse de la mère, naissance d'un bébé, etc.).

Si la morsure semble surtout agressive et motivée par la peur, il sera nécessaire d'en comprendre la source, et de rassurer l'enfant autant que possible.

Si les morsures semblent plutôt une façon de prendre contact avec l'autre, le rôle de l'adulte sera de montrer à l'enfant qu'on peut s'adresser à lui autrement (par le jeu, les caresses, le babil), que la morsure n'est pas un moyen positif ni admis de connaître et d'aimer les autres, et que, très rapidement, il recevra lui aussi de l'agressivité en retour. Lui expliquer aussi que même s'il ne le fait pas dans ce but, il fait mal en mordant. En un mot, l'aider à changer de registre d'expression, et à recourir de plus en plus à la parole pour exprimer ses sentiments (d'amour comme de colère).

Mais même si l'on croit comprendre pourquoi son bambin mord, il est rare que cela s'arrête du jour au lendemain. À moins de se cloîtrer avec l'enfant sans plus voir personne, ce qui n'est sûrement pas souhaitable, il faut donc vivre avec pendant un certain temps, et savoir comment se comporter en société.

Le mieux est sans doute de prévenir les autres parents présents, en passant sur la honte qu'on peut ressentir, et d'être attentif au comportement de son enfant, qui donne souvent des signes avant-coureurs. Si c'est le cas, il semble que cela marche de mettre la main sous son menton, en même temps qu'on lui dit de ne pas mordre.

Et si le mal est fait, consoler l'enfant mordu et redire à son enfant que ce n'est pas acceptable et que cela fait mal à l'autre.

Mais en aucun cas, la solution ne peut être de "remordre" l'enfant mordeur. Car comme le dit la psychologue Pascale Rosfelter, *« ce n'est pas une réponse humaine, mais un acte d'ogre. Et les ogres doivent rester dans les contes de fées, afin que les enfants continuent d'échapper au risque imaginaire de dévoration... en devenant, comme le petit Poucet, de moins en moins passifs face à tous les dangers, et de plus en plus malins et autonomes. »*

Pour une parentalité sans fessées

ON A VU COMBIEN IL EST PARFOIS DIFFICILE de considérer le bébé comme une personne, d'être à l'écoute de ses besoins, de respecter ses rythmes.

Tout, dans la société autour de nous, dans notre entourage proche, dans notre propre éducation..., nous pousse au contraire à le dresser, à considérer l'expression de ses besoins comme des caprices visant à nous manipuler, à exiger qu'il fasse tout (ne plus se réveiller la nuit, marcher, être propre, etc.) le plus tôt possible.

Cela ne fait bien sûr que croître et embellir à mesure que le bébé grandit, devient bambin, petit enfant, enfant, adolescent... Partout on n'entend parler que de règles, de limites, de "bonnes fessées" qui "lui remettraient les idées en place", de "claques qui se perdent", etc.

Inutilité et nocivité des coups

Pourtant, les études ne manquent pas qui montrent l'inutilité des châtiments corporels. Par exemple, une méta-analyse, qui a recensé 166 articles médicaux, conclut que les analyses prospectives ou rétrospectives ne trouvent aucun résultat positif à leur utilisation[1].

D'autres études ont montré la relation entre la fréquence des punitions corporelles et les comportements antisociaux des jeunes, le nombre d'accidents subis dans l'enfance et l'adolescence[2], l'agressivité, les troubles du comportement, les capacités intellectuelles diminuées, etc.[3]

Bien sûr, des coups brutaux auront des séquelles plus graves, mais même les violences que l'on dit "légères" (claques, fessées...), si elles sont répétées et érigées en outil "éducatif", peuvent engendrer ce genre de conséquences.

L'enfant dont les erreurs sont sanctionnées par des coups vit dans la peur d'être frappé et n'ose entreprendre quoi que ce soit de difficile de crainte de déclencher la punition.

Il apprend que la violence est la "solution" en cas de désaccord, et n'hésitera pas à l'utiliser à son tour quand il sera en position de force.

Sur le plan physiologique, les punitions corporelles répétées « *cassent les mécanismes naturels d'adaptation aux situations dangereuses que sont la fuite ou la protection de soi, puisque devant les coups parentaux on ne peut ni fuir ni se protéger. S'il a brutalement à faire face à une situation dangereuse, l'enfant risque de se trouver en état d'inhibition, de sidération, qui le rendra incapable de se protéger efficacement* »[3], d'où sans doute le plus grand nombre d'accidents chez les enfants battus.

Bébés : ne pas secouer

*Deux récentes émissions de télévision (*Ces bonnes fessées qui n'en sont pas*, La 5ᵉ, 23 mars 2001, et* Envoyé spécial*, France 2, 11 octobre 2001) ont alerté sur un danger encore trop peu connu en France : celui qu'il y a à secouer les bébés.*

Tableau typique : le parent (ou la nounou) exaspéré par les cris du bébé le secoue à bout de bras pour tenter de le faire taire.

Le neuro-chirurgien de l'hôpital Necker qui était interviewé, a très bien expliqué que ce geste fait ballotter la tête du bébé, cisaille les vaisseaux du cerveau, créant des hémorragies cérébrales plus ou moins importantes, avec des conséquences pouvant être gravissimes (5% de morts, des hémiplégies, des épilepsies et autres dommages cérébraux irréversibles).

> ### *La violence, ce n'est pas que les coups*
>
> *La violence, c'est aussi la maltraitance psychologique : violence verbale, humiliations, dévalorisation, etc., etc.*
>
> *C'est aussi la "camisole chimique". Une récente étude, publiée dans le* Journal of the American Medical Association, *révèle qu'aux États-Unis, des enfants de 2 à 3 ans, normalement agités pour cet âge, sont diagnostiqués comme étant atteints d'hyperactivité (ADHD : Attention Deficit and Hyperactivity Disorder) et traités en conséquence : le nombre d'enfants de 2 à 4 ans traités à la ritaline a triplé entre 1991 et 1995, le nombre de ceux qui reçoivent des antidépresseurs a doublé.*

Faut-il punir ?

Pour certains, ce ne sont pas seulement les punitions corporelles qui sont à proscrire, mais toute punition qui renvoie à l'arbitraire (de chaque famille) et non à la loi (de la société), et qui systématiquement s'attaque au plaisir de vivre (privation de dessert, de télé, de sorties, etc.).

Ne pas faire usage de la punition ne signifie pas qu'on ne demande pas réparation en cas de bêtise, ni qu'on ne met aucune limite. Mais l'on peut, en cas de transgression, rappeler la limite (quitte à la renégocier) sans nécessairement passer à la punition[4].

De toute façon, ces fameuses "limites" ne sont bien souvent que les propres limites de tolérance des parents. Et pour amener l'enfant à les respecter, toutes sortes de négociations peuvent être engagées avec lui, en fonction de son âge.

Comment faire autrement ?

La première chose est sûrement de bien s'informer sur le développement psychomoteur de l'enfant et donc sur ses possibilités réelles à tel ou tel âge. Par exemple, si l'on sait qu'un enfant n'est pas capable de maîtriser ses sphincters avant 2 ans en moyenne, on sera moins tenté d'exiger de lui qu'il soit propre à 18 mois et de le punir s'il fait pipi par terre ou dans sa culotte.

De même, si l'on sait qu'un petit enfant est incapable de comprendre que son exploration du magnétoscope risque de le casser, au lieu de lui taper sur la main chaque fois qu'il s'en approche (ce qui relève du dressage d'un animal), on l'installera hors de sa portée[5].

On peut aussi s'efforcer d'être soi-même un bon modèle de communication, apprendre à identifier et gérer les conflits, apprendre à négocier, comme ce devrait être la règle dans une société démocratique.

Et surtout, ne pas oublier la tendresse. Comme le dit la brochure d'*Éduquer sans frapper* : « *La tendresse est la dimension émotionnelle qui permet de compenser les duretés de la vie. Elle n'est pas antinomique d'organisation, de repères, de fermeté : être tendre, c'est être ni dur ni mou ! »*

Manifeste contre la violence "éducative"

La France a signé et ratifié le 7 août 1990 la Convention des droits de l'enfant. L'article 19 de cette Convention stipule que les États signataires "prennent toutes les mesures législatives, administratives, sociales et éducatives appropriées pour protéger l'enfant contre toutes formes de violence, d'atteinte ou de brutalités physiques ou mentales".

Or, en France, d'après un sondage SOFRES de janvier 1999, 80 % des parents donnent à leurs enfants gifles et fessées quand ce ne sont pas des coups de martinet ou de ceinture. Presque tout le monde trouve cela normal, inoffensif et même nécessaire. Et les services sociaux et la Justice n'interviennent que dans les cas extrêmes.

Pourquoi est-il permis de frapper un enfant alors qu'il est interdit de frapper un homme adulte, une femme, une personne âgée et, en prison, le pire des criminels ? Nos lois ne permettraient-elles d'agresser que les plus faibles ?

Les enfants ont le droit d'être élevés sans violence, ce qui ne signifie pas sans fermeté. De multiples études récentes ont montré que difficultés scolaires, délinquance, violence, dépression, alcoolisme, abus de ➡

➡ *drogues, maladies diverses et même accidents ont très souvent pour origine des violences, même modérées, subies dans l'enfance. Maintenant que nous le savons, nous n'avons plus l'excuse de l'ignorance qu'avaient nos parents.*

Pourquoi s'étonner que certains jeunes recourent à la violence quand le premier exemple de violence leur a en général été donné par leurs propres parents les frappant sur les joues, le crâne, le dos ou les fesses ? L'enfant frappé apprend à frapper les autres. L'enfant respecté apprend à respecter les autres. Le rôle des parents est-il d'enseigner la violence ou le respect ?

Les parents qui frappent leurs enfants pour les éduquer le font parce qu'ils ont été frappés eux-mêmes et ignorent les conséquences de leurs coups. Seule une interdiction sans ambiguïté, comme celle qui, en France, interdit les coups à l'école depuis le 19ème siècle, peut mettre fin à ce cycle. La France, comme déjà onze pays dont neuf Européens, doit voter une loi spécifique interdisant toute violence, y compris fessées, gifles, tapes, etc. Cette loi doit être assortie non pas de sanctions judiciaires, mais d'une large information apportée aux parents ainsi qu'aux futurs parents sur les effets des coups et les moyens d'élever les enfants sans violence, exactement comme il est demandé aux automobilistes d'être familiers avec le code de la route.

Les signataires de ce manifeste demandent au gouvernement et à leurs députés de mettre la législation française en harmonie avec la Convention des Droits de l'Enfant, comme le demande le Comité des Droits de ➡

➡ *l'Enfant de l'ONU, et de voter une loi spécifique qui interdise vraiment toute forme de violence à l'égard des enfants. Le texte de cette loi pourrait être semblable à celui de la loi danoise :* « L'enfant a droit au soin et à la sécurité. Il faut agir de manière respectueuse vis-à-vis de l'enfant et ne pas lui infliger de punition corporelle ou autre traitement humiliant. »

Vous pouvez signer ce manifeste et l'envoyer au Premier Ministre, à votre député, aux journaux que vous lisez, aux associations dont vous faites partie, etc. Vous pouvez aussi le diffuser autour de vous. Pour tout renseignement complémentaire, écrivez à :
O. Maurel, Chemin de la Cibonne, 83220 Le Pradet, omaurel@wanadoo.fr

Pères et bébés

Autrefois, les choses étaient simples : le père pourvoyait par son travail au bien-être de la famille, et laissait tous les soins des petits à la mère.

Mais comme le dit Jean Le Camus dans *Pères et bébés,* cette *« figure du père précocement absent et n'entrant en scène qu'une fois passé "l'âge de la mère" – ce que j'appellerai le père à effet retard – semble passablement obsolète. »*

En opposition à ce modèle traditionnel, s'est développé dans les années 70 le modèle du "nouveau père", censé faire "tout comme la mère".

Mais ce dont l'enfant a besoin, n'est-ce pas *« d'un père qui ne soit ni un étranger, ni une mère bis, mais un père-homme qui fasse pleinement et sereinement acte de présence ? »*

Un père présent...

Mais pour faire acte de présence, encore faut-il être là.

On a déjà fait beaucoup pour que les pères se sentent dès le début impliqués dans la vie de leur enfant. Pendant la grossesse, c'est leur participation aux consultations prénatales et aux séances de préparation, en particulier la préparation haptonomique. Pendant l'accouchement, c'est leur présence plus ou moins active (s'ils le désirent et si leur compagne le désire).

Mais pourquoi alors cette séparation juste après la naissance, pendant cette période sensible où se tissent les premiers liens ?

Dans son dernier ouvrage *Éloge des mères,* Edwige Antier milite pour des chambres parentales, qui « *permettraient une proximité charnelle plus précoce entre le père et son enfant, d'autant plus importante et nécessaire que le père n'a pas porté son bébé dans son corps. Il pourrait ainsi partager ses premières nuits, ses premiers pleurs et le sentiment d'amour entre eux se communiquerait plus rapidement. Ainsi le père se sentirait-il plus investi non seulement pour aimer son enfant, mais pour l'assumer sa vie durant, c'est-à-dire pour aider sa femme à être mère.* »

Signalons que de telles chambres parentales existent dans les maternités de certains pays (notamment en Suède).

La science est récemment venue confirmer l'importance de cette proximité pour l'établissement des liens avec l'enfant. Grâce à une expérience à laquelle se sont prêtés 34 couples anglo-saxons, on sait maintenant que pendant la grossesse, les hormones de l'homme varient selon le même profil que celles de la mère (augmentation du cortisol et de la prolactine, chute d'un bon tiers de la testostérone), à condition qu'il soit physiquement proche d'elle, car les phéromones de la grossesse n'ont qu'un court rayon d'action. Ceux dont les taux changent le plus sont aussi ceux qui sont les plus sensibles aux appels du bébé après la naissance : leur cortisol monte en flèche au premier cri, comme chez la mère !

Cette présence des pères à la maternité devrait se prolonger par un congé de paternité qui dépasse les quatorze jours accordés depuis le 1er janvier 2002 (c'est déjà un progrès par rapport aux ridicules trois jours qu'ils avaient jusque-là...). Cela permettrait à la fois au père de continuer à tisser les liens avec son bébé, et à la mère d'éviter peut-être le baby blues qui la frappe quand elle se retrouve toute seule avec son bébé.

... avec son propre style

Si les pères étaient présents à ce moment-là et prenaient en charge une partie des tâches ménagères ainsi que des soins au bébé, aux autres enfants et... à la mère (notamment en lui préparant de bons petits plats !), ils en retireraient de multiples bénéfices : reconnaissance de leur compagne, joie d'être avec le bébé et de mieux le connaître.

Et ils comprendraient que si l'allaitement crée un lien si fort entre la mère et l'enfant, c'est à cause du contact physique et répété qu'il suppose, et que bien d'autres gestes qui leur sont tout à fait accessibles permettent ce contact physique et répété : changes, bains de et avec le bébé, promenades, jeux, massages, portage, bercement, endormissement, diversification alimentaire quand le moment viendra, etc.

> Il existe quelques rares sociétés traditionnelles où les pères sont très impliqués dans les soins aux bébés. C'est notamment le cas chez les Pygmées où ce sont les pères qui endorment les bébés en les berçant. Cela semble donner une vie familiale assez harmonieuse et une société peu agressive.

Ajoutons que lorsque les pères s'occupent de leurs bébés, ils le font à leur manière, qui est différente de celle des mères. Toutes les observations le confirment. Citons par exemple l'étude d'Emorine (1991) qui a observé les interactions d'un père et d'une mère avec leur bébé de 9 mois à la piscine. Le père était "plus porté à stimuler l'enfant physiquement, à provoquer chez lui des réactions, à changer souvent les activités...". Son style d'interaction (plus physique, plus excitant) qualifie le père pour pousser au développement de l'indépendance, de l'exploration ou de l'autonomie. Et ce d'autant plus que l'enfant progresse en âge.

Quand les parents ne sont pas d'accord

À LA NAISSANCE DE SON PREMIER ENFANT, chaque parent arrive avec son propre bagage, son histoire, ses attentes, ses expériences, ses fantasmes, et en général un manque total d'informations sur le développement des enfants, leurs besoins, leurs rythmes... Ce qui explique que des divergences importantes puissent apparaître entre le père et la mère quant à l'éducation des enfants.

Et ce d'autant plus qu'hommes et femmes ont souvent une façon différente de la concevoir. Comme on l'a vu plus haut et comme le montre très bien Tine Thevenin dans *Mothering and fathering* (Avery, 1993), les premiers valorisent l'indépendance, alors que les secondes ont plus naturellement tendance à materner. Il est donc en quelque sorte "normal" que les pères reprochent aux mères de trop "couver" leurs enfants !

D'autant que les deux parents ont généralement une expérience très différente de la vie avec des enfants. C'est particulièrement net dans le cas d'un père qui travaille à l'extérieur, rentre tard, etc. alors que la mère est à la maison avec les petits. Lui qui doit se séparer d'eux chaque matin a parfois du mal à comprendre l'importance de l'attachement mère/bébé. Surtout si tous ses collègues le poussent à partir au ski en laissant le bébé de 3 semaines à la grand-mère, et cela "pour le bien de son couple"…

Prendre conscience de ces différences de "styles" et du fait que pour grandir harmonieusement, un enfant à besoin à la fois de la sécurité du maternage et de l'encouragement à l'indépendance, permettra de dédramatiser les divergences.

Il est aussi important de prendre conscience de ses *a priori* personnels (sur la santé, l'argent, le travail, la socialisation, et ce qui peut rendre les gens heureux) et des *a priori* de la culture où l'on baigne (qui dans notre cas, a tendance à valoriser la consommation de biens matériels, la compétition au détriment de la coopération et de l'entraide, à préférer les choses aux gens, à faire passer le travail avant la famille…). Des divergences peuvent facilement apparaître si l'un des deux parents remet en cause ces *a priori* culturels et pas l'autre.

Arriver à une solution[1]

La première chose est évidemment d'identifier les divergences, d'arriver à en discuter sans vouloir obligatoirement "l'emporter" sur l'autre, de partager l'information (l'un des parents peut avoir telle ou telle opinion simplement parce qu'il n'a pas l'information dont dispose l'autre parent), d'essayer de voir les choses à long terme et de les mettre en perspective ("est-ce que c'est si important que ça ?"), de bien mettre au clair les objectifs qu'on se fixe en tant que famille.

La seconde chose, c'est d'accepter d'apprendre sur l'éducation des enfants. La meilleure façon, c'est encore d'apprendre des enfants eux-mêmes. Et aussi de côtoyer d'autres familles qui ont intégré dans leur vie quotidienne des principes d'éducation fondés sur le respect de l'enfant et de ses besoins. Cela est souvent plus efficace que de se lancer dans des discussions sans fin pour savoir lequel des deux parents a "raison".

Dans certains cas, il peut être utile de parler de ces divergences avec une tierce personne, à condition que celle-ci agisse en médiateur et ne prenne pas partie pour un "camp" contre l'autre.

D'autres couples décident que c'est la personne la plus directement impliquée qui prend la décision (par exemple, celle qui fait le plus souvent les courses ou la cuisine, décide de l'endroit où acheter la nourriture).

Ou bien encore, un parent peut accepter quelque chose qui lui semble inutile (par exemple faire examiner les yeux de l'enfant) si l'autre parent est très inquiet à ce sujet.

Même s'ils continuent à être en désaccord sur certains points, certains parents arrivent à limiter les conflits en reconnaissant que l'éducation des enfants n'est pas chose aisée, que c'est pour tous les deux un travail difficile, exigeant en temps et en énergie.

Beaucoup de couples parentaux fonctionnent en classant leurs divergences en plusieurs catégories : celles où ils doivent arriver à un accord pour pouvoir agir (par exemple le choix d'une école), celles où ils essayent d'arriver à un accord, et celles qu'ils acceptent de laisser en l'état, même si cela les irrite parfois.

Quelle que soit la solution choisie, le but est de briser le cercle vicieux d'affrontements interminables et sans résultats, et de les remplacer par une vraie communication. Cela demande du temps, de l'énergie, mais le résultat en vaut la peine.

Ajoutons pour finir qu'à long terme, les enfants peuvent tirer profit d'avoir des parents qui ne sont pas d'accord sur tout : cela leur apporte des visions différentes sur les problèmes de l'existence et en leur montrant qu'on peut être en désaccord sans que ce soit catastrophique, leur donne le droit à eux aussi de ne pas être d'accord, et ce sans danger.[2]

Et pour finir, lisons une histoire...

Tout le monde connaît la fascination des tout-petits pour les livres et la lecture à haute voix. À l'école maternelle, l'un des meilleurs moments de la journée est sûrement celui où la maîtresse raconte une histoire. Et le soir, avant d'aller se coucher, quelle joie de se lover contre papa ou maman en écoutant pour la centième fois l'histoire des trois petits cochons tout en regardant les images...

Que s'est-il donc passé pour qu'une fois grands, ces enfants n'ouvrent jamais un livre, si ce n'est contraints et forcés par les programmes scolaires ? C'est tout simple. À partir du moment où l'on a estimé qu'ils "savaient lire", parents et enseignants n'ont plus jugé utile de continuer à leur lire des livres.

Or il faut savoir qu'au moins jusqu'à douze ans, il existe un décalage (que certains chiffrent à deux ans, mais qui doit varier selon les enfants) entre capacités de compréhension et capacités de lecture. Ce qui veut dire qu'un enfant de huit ans, qui pourrait s'intéresser à de longues histoires passionnantes si on les lui lisait, n'est pas encore capable de les lire seul. Résultat : il se découragera, et assimilera rapidement la lecture à des exercices ennuyeux que l'on fait en classe. Comme le dit Daniel Pennac, le livre « *est passé, avec les meilleures intentions du monde, sous la bannière de l'obligation.* »

Les enfants apprennent surtout par imitation, que ce soit la propreté, la marche ou le langage. C'est aussi vrai du plaisir de lire. Si les adultes qui comptent pour eux (parents, enseignants) montrent un plaisir à lire et le leur font partager, ils comprendront l'intérêt pour eux aussi de lire.

Donc lisez vous-même, laissez traîner livres et revues dans la maison, allez avec les enfants à la bibliothèque, offrez-leur des livres, et lisez-leur en régulièrement. Voici quelques conseils que donnent Jim Trelease dans *The new read-aloud handbook* (Penguin Books, 1989) :
- commencez le plus tôt possible ;
- essayez d'instituer un rituel (par exemple, on lit toujours avant le coucher) ;
- de temps en temps, lisez quelque chose un peu au-dessus du niveau de l'enfant (tout en veillant à ne pas le bouleverser) ;

- évitez les longues descriptions (attention : tous les bons livres ne sont pas bons à lire à haute voix) ;
- changez de voix dans les dialogues, ne lisez pas trop vite, répondez aux questions de l'enfant ;
- ne lisez pas un livre que vous n'aimez pas !

Et surtout faites cela pour le plaisir, sans arrière-pensées éducatives. Ne le faites pas pour que l'enfant apprenne à lire plus tôt, ni même pour qu'il devienne un bibliophage. Que cela soit simplement un bon moment que vous offrez à l'enfant et à vous-même. En un mot : enlivrez-vous !

Jouer sans écraser l'autre

L'immense majorité des jeux auxquels s'adonnent enfants et adultes sont des jeux compétitifs où le but est d'être le plus fort en écrasant les autres. On a beau répéter benoîtement que "l'essentiel n'est pas de gagner, mais de participer", tout prouve le contraire : l'important est bien de gagner, et malheur aux vaincus.

La violence dans le monde a certes bien d'autres raisons que les jeux compétitifs, mais une éducation à la non-violence ne peut-elle commencer dès l'enfance ?

On trouve depuis quelques années en France des catalogues de jeux coopératifs qui intéressent les enfants, à la grande surprise de beaucoup de parents plutôt sceptiques au départ ("s'il ne peut pas gagner, ça ne va pas l'intéresser").

On peut notamment les trouver auprès de :
Non-Violence Actualité, BP 241, 45202 Montargis Cedex, Tél. 02 38 93 67 22.

Conclusion

Depuis une quinzaine d'années, on a enfin pris conscience de la maltraitance que subissent tant d'enfants de par le monde. On en a pris la mesure et l'on a commencé – même si c'est encore très loin d'être suffisant – à lutter contre.

Mais voici qu'émerge un nouveau concept, encore absent des dictionnaires (il est vrai que "maltraitance" ne s'y trouve que depuis 1992...), celui de bientraitance.

Le 27 septembre 2001, se tenaient au Palais du Luxembourg les premières Assises de l'enfance bientraitée, à l'instigation de l'association *Enfance au quotidien*. Sa présidente, Francisca Flamand, y définissait la bientraitance comme *« le respect de l'enfant mis en actes. Respecter un enfant dans un souci de bientraitance, c'est donner à l'enfant les moyens d'être sujet et acteur de sa vie en le considérant comme une personne en devenir et un interlocuteur à part entière que l'on accueille, auquel on s'adresse et avec lequel on se comporte avec respect : respect psychique, physique et affectif. »*

Le petit livre que vous venez de lire n'avait pas la prétention de vous donner des recettes de "bonne éducation", de vous dire comment faire. Mais plutôt de vous fournir des pistes (notamment sur ce qu'il vaut mieux... ne pas faire), de vous donner envie de vous informer davantage (voir la bibliographie qui suit) afin d'être les parents aimants et respectueux que vous souhaitez être. En un mot, des parents bientraitants.

NOTES

Introduction
[1] A la naissance, le cerveau humain n'a que le quart de sa taille adulte, contre 45% chez les chimpanzés, les primates les plus proches de nous.

Le bonheur d'être porté
[1] *La Voie lactée,* Collection Pratiques Jouvence, 1999.
Soutien et information sur l'allaitement :
La Leche League (LLL), BP 18, 78620 L'Etang-la-Ville, 01 39 584 584, e-mail : contact@lllfrance.org, site internet : www.lllfrance.org

[2] Cunningham N., Anisfield E., Casper V. et Nozyce M., *Infant carrying, breastfeeding and mother-infant relations,* Lancet, 1987, fév., 14, p. 379.

[3] Voir notamment l'ouvrage de N. Charpak, Z. de Calume et A. Hamel, *La méthode kangourou. Comment les mères des enfants prématurés se substituent aux couveuses,* ESF, 1996.

[4] Par exemple : *Current knowledge about skin-to-skin (kangaroo) care for preterm infants,* Anderson GC., Breastfeeding Review, 2/8 1993 364-73.

Comment dorment les bébés

[1] Les travaux de McKenna et son équipe ont été publiés dans diverses revues : Early Human Development, Acta Paediatr, Sleep, Breastfeeding Abstracts, Children's Environments.

[2] Signalons quand même au passage que selon Kathleen Auerbach, spécialiste de l'allaitement mondialement connue, à 8 semaines, les bébés prennent environ 30 % de leur ration alimentaire entre minuit et 8 heures du matin...

[3] Santé du monde, mars-avril 1996.

[4] Dans son article *"Les techniques du corps"*, Journal de psychologie, mars-avril 1935. Voir le chapitre *"Berceaux, bercer, berceuses"* dans l'ouvrage de Catherine Rollet et Marie-France Morel, *Des bébés et des hommes,* Albin Michel, 2000.

[5] *Co-sleeping in context : sleep practices and problems in young children in Japan and the United States,* S. Latz, AW. Wolf, B. Lozoff, Arch Pediatr Adolesc Med 1999 ; 153(4) : 339-46.

[6] Dr Pinard, célèbre puériculteur français...

[7] Représentations traditionnelles et contemporaines concernant le sommeil du jeune enfant en France, C Brisset, A Valette, Devenir, n° 3, 2000.

[8] Voir l'article d'Alain Contrepois, *"Rituels d'apaisement et d'endormissement de l'enfant dans différentes cultures",* Métiers de la petite enfance, novembre 1999, qui reprend les travaux de l'équipe d'Hélène Stork (voir bibliographie).

[9] Une étude a été faite à l'Hôpital Universitaire des Enfants de Bruxelles sur des enfants en bonne santé, âgés de 2 à 29 mois, se réveillant plusieurs fois par nuit. Après quelques semaines d'élimination des produits laitiers, tous les enfants sauf un commencèrent à dormir normalement, ne se réveillant qu'une seule fois, et dormant plus du double de temps. Lorsque les produits laitiers furent réintroduits chez la moitié des enfants, les problèmes de sommeil réapparurent.

Pleurs, chagrins, douleurs

[1] Voir l'ouvrage du Dr Sears dans la bibliographie.

[2] Le Dr Brazelton a bien décrit dans *Écoutez votre enfant* ces bébés hypersensibles aux stimuli qui, les premières semaines, ne supportent pas plus d'un stimulus à la fois (par exemple, si on les caresse, ils ne supportent pas qu'on leur parle en même temps).

[3] Traditionnellement, on définit les coliques par la "règle des 3" : plus de trois heures de cris par jour, plus de trois jours par semaine, pendant au moins trois semaines, au cours des trois premiers mois de la vie.

[4] D'après des études danoises (Nilsson, 1985, Klougart, 1989), un traitement ostéopathique pourrait aider en cas de coliques, sans doute en favorisant l'ajustement de ces systèmes immatures.

[5] Voir "Risques inhérents aux pleurs chez les nourrissons", *Les Dossiers de l'allaitement n° 28,* 1996.

[6] Voir par exemple l'étude du Dr Barr, Pediatrics 1989 ; 84 : 514-21.

[7] Idées reprises de l'article de Dee Kassing, *Helping the mother of a fussy baby*, Leaven, 1997 (traduit par Corinne Dewandre).

[8] Notamment l'association Sparadrap qui lutte pour améliorer constamment l'accueil et la prise en charge des enfants malades et hospitalisés (voir bibliographie).

[9] Par exemple la crème EMLA°, qui anesthésie la peau sur quelques millimètres de profondeur, évitant la douleur des prises de sang et des ponctions lombaires. D'abord utilisée dans les hôpitaux, son usage s'est étendu à la médecine de ville. Elle existe aussi maintenant sous forme d'un patch qu'il suffit de coller sur la zone à anesthésier une heure avant le geste médical (vaccin, prise de sang...).

[10] EVA (Échelle Visuelle Analogue) et échelle DEGR (Douleur Enfant Gustave-Roussy).

[11] Voir par exemple l'étude de Gray, *Skin-to-skin contact is analgesic in healthy newborns* (Pediatrics 2000) qui a montré qu'au cours d'un prélèvement sanguin au talon, les pleurs des nouveau-nés étaient réduits de 82% dans le groupe "peau à peau" comparativement au groupe témoin.
Si vous allaitez votre bébé, vous connaissez un procédé qui allie solution sucrée, lait, succion et contact peau à peau : la tétée ! Alors, si vos bébés doivent subir des gestes médicaux douloureux, pensez à demander qu'ils soient faits pendant qu'ils tètent. Nombre de mères ont déjà expérimenté avec succès cette méthode de soulagement toute simple.

Respecter le corps de l'enfant, respecter ses rythmes

[1] Etty Buzyn, *Papa, maman, laissez-moi le temps de rêver,* Albin Michel, 1995, et *Me débrouiller, oui, mais pas tout seul !,* Albin Michel 2001.

[2] Anne Wagner et Jacqueline Tarkiel, *Nos enfants sont-ils heureux à la crèche ?,* Albin Michel, 1994.

[3] Contrairement au dressage qui, même s'il a des résultats (au bout de combien de mois d'efforts et à quel prix ?), reste fragile, et peut être annihilé à la moindre difficulté (naissance d'un petit frère par exemple).

[4] Pour en savoir plus, on peut se reporter aux pages 336 à 344 de son ouvrage *L'Enfant bien-portant* (Le Seuil).

Pour une parentalité sans fessées

[1] *Pediatrics,* vol. 98, octobre 1996.

[2] Jacqueline Cornet, *Faut-il battre les enfants ?,* Hommes et perspectives, 1997.

[3] On trouvera de nombreuses références dans la brochure de l'association Éduquer sans frapper (01 46 38 21 22).

[4] Sur ce sujet, voir la conférence de Bernard Lempert, *La punition.* Cassette à commander à : Audijuris, 21 Bd Dubus, 27300 Bernay.

[5] Dans cet ordre d'idées, il peut être bon de repenser l'aménagement de la maison, non pas seulement pour mettre hors de portée de l'enfant certains objets fragiles, mais aussi pour lui créer un environnement à sa mesure, avec notamment des meubles adaptés à sa taille et conçus pour favoriser

son autonomie. Un livre original, d'inspiration montessorienne, donne plein d'idées en ce sens : *Place à l'enfant,* de Jeannette Toulemonde, éditions Encre.

Quand les parents ne sont pas d'accord

[1] Adapté de When parents disagree, Larry et Susan Kaseman, *New Beginnings,* 1995.

[2] Il y aurait tout un développement à faire sur le droit de l'enfant à ne pas être d'accord, à dire "non", à s'opposer, à dire ce qu'il éprouve et ce qu'il pense. Je me contenterai de citer la Convention internationale des droits de l'enfant : « *L'enfant a le droit d'exprimer librement son opinion sur toute question qui le concerne.* » (article 12). Ainsi que Janusz Korczak, un grand défenseur de la cause des enfants : « *Un bon enfant. "Bon" peut signifier "commode à manier", et il ne faut pas confondre ces deux épithètes (...) Bon, obéissant, gentil, facile... Pense-t-on jamais à cet homme veule, lâche et faible qu'il risque de devenir ?* » (à lire de lui : *Comment aimer un enfant* et *Le droit de l'enfant au respect,* chez Robert Laffont).

BIBLIOGRAPHIE

Sur les bébés

Marshall et Phyllis H. Klaus, *La magie du nouveau-né,* Albin Michel, 2000.

Bernard Martino
– *Le bébé est une personne,* Balland, 1985.
– *Le bébé est un combat,* TF1 éditions, 1995.

Marie-France Morel et Catherine Rollet, *Des bébés et des hommes. Traditions et modernité des soins aux tout-petits,* Albin Michel, 2000.

Desmond Morris, *Le bébé révélé,* Calmann-Lévy, 1993.

Une revue trimestrielle : *L'Enfant et la vie,* 76 rue du Trie, 59510 Hem.

Sur le portage

Marie-France Morinaux., *Porter son bébé ou comment vivre en harmonie avec un petit enfant,* feuillet LLL, 1994.

Des sites internet :
– perso.wanadoo.fr/gamelin/portage.htm,
– www.peau-a-peau.be

Sur le sommeil

Le principal ouvrage à lire, si l'on veut être rassuré et déculpabilisé, c'est celui du Dr Sears, *Être parent le jour... et la nuit aussi* (disponible à LLL Info-service, BP 18, 78620 L'Etang-la-Ville).

Pour savoir ce qui s'est fait et se fait ailleurs que dans l'Occident moderne, le livre incontournable est celui édité sous la direction d'Hélène Stork, *Les rituels du coucher de l'enfant. Variations culturelles* (ESF éditeur, 1993).

Sur le sommeil partagé, un livre de Nathalie Roques, *Dormir avec son bébé*, L'Harmattan (à paraître en 2002).

Si l'on veut connaître les arguments de ceux qui pensent qu'il faut forcer les bébés à "faire leurs nuits", on peut lire *Mon enfant dort mal,* de Marie Thirion et Marie-Josèphe Challamel (Presses-Pocket, 1993) ou *Protégez le sommeil de votre enfant,* de Richard Ferber (ESF éditeur, 1990).

Un site internet : http://cododo.free.fr

Sur les pleurs

Anne Bacus, *Bébé pleure, que faire ?,* Marabout, 1994.

Hetty van de Rijt et Frans X. Plooij, *Pourquoi pleurent-ils,* Albin Michel, 1997.

Williams Sears, *Que faire quand bébé pleure ?,* LLL, 1991.

Sur la douleur et l'hospitalisation

Association Sparadrap, 48 rue de la Plaine, 75020 Paris, Tél. 01 43 48 11 80, www.sparadrap.asso.fr. Edite de nombreuses brochures destinées aux enfants et aux parents *(J'aime pas les piqûres !, Je vais me faire opérer. Alors, on va t'endormir !, etc.)*.

Didier Cohen-Salmon, *En travers de la gorge*, InterEditions, 1994.

Annie Gauvain-Piquard, *La douleur de l'enfant*, Calmann-Lévy, 1993.

L'hospitalisation mère-bébé, Spirale n° 10, 1999.

Sur Emmi Pickler, Loczy, se mouvoir en liberté...

Bernard Martino, *Les enfants de la colline des roses. Loczy, une maison pour grandir*, JC Lattès, 2001.

Chantal de Truchis-Leneveu, *L'éveil de votre enfant. Pour un bébé actif et détendu*, Albin Michel, 1996.

Association Pikler Loczy de France,
20 rue de Dantzig, 75015 Paris,
Tél. 01 53 68 93 50, Fax 01 53 68 93 56,
e-mail : pikler.loczy@wanadoo.fr

Sur les châtiments corporels

Jacqueline Cornet, *Faut-il battre les enfants*, Hommes et perspectives, 1997.

Olivier Maurel, *La fessée. 100 questions-réponses sur les châtiments corporels*, La plage éditeur, 2001.

Tous les ouvrages d'Alice Miller, en particulier *C'est pour ton bien*, Aubier, 1984.
Et son site internet : www.alice-miller.com

Sur les pères

Christine Colonna-Cesari, *La grossesse du père,* L'Agora Chiron, 1990.

Stéphane Daniel, *Au bonheur des pères,* Bayard, 2001.

Jean Le Camus, *Pères et bébés,* L'Harmattan, 1995.

Vicki Lansky, *101 idées pour être un Papa formidable,* Chantecler, 1998.

Gérard Neyrand, *L'enfant, la mère et la question du père. Un bilan critique de l'évolution des savoirs sur la petite enfance,* PUF, 2000.

Bernard This, *Neuf mois dans la vie d'un homme,* InterEditions, 1994.

Sur la lecture

Bruno Bettelheim, *La lecture et l'enfant,* Robert Laffont, 1981.

Marie-Aude Murail, *Continuez la lecture, on n'aime pas la récré,* Calmann-Lévy, 1993.

Marie Bonnafé, *Les livres, c'est bon pour les bébés,* Calmann-Lévy, 2001.

Daniel Pennac, *Comme un roman,* Gallimard, 1992.

www.editions-jouvence.com

Envie de bien-être ?
editions-jouvence.com
Le bon réflexe pour :

Etre en prise directe :
- avec nos **nouveautés** (entre 20 et 25 par année),
- avec nos **auteurs** ; Jouvence attache beaucoup d'importance à la personnalité et à la qualité de ses auteurs,
- tout notre **catalogue**… près de 200 titres disponibles,
- avec **les éditions Jouvence** : en nous écrivant et en dialoguant avec nous. Nous y répondrons personnellement !

Mais aussi chaque mois :
- découvrir **le livre du mois** : chaque mois un livre est particulièrement mis en évidence et nous vous faisons partager notre enthousiasme,
- apprendre à mieux connaître **l'auteur du mois** : chaque mois un auteur est particulièrement mis en évidence. Interviewé, il parle de sa pensée, de ses projets, de ses coups de cœur,
- découvrir aussi **la librairie du mois** et ses particularités : il y a toujours, proche de chez vous, une librairie qui aime et connaît bien son métier. Elle saura vous conseiller.

Mais encore :
- **commander** vos livres dans une librairie proche de chez vous grâce à notre liste de librairies en France, Suisse, Belgique et Canada,
- **commander** en ligne,
- **communiquer** directement avec nos auteurs : vous trouverez leurs coordonnées postales, leur e-mail et site internet,
- **vous informer** en direct de leurs stages et conférences : nos auteurs sont à votre disposition, ils aiment à prolonger leur message par un enseignement direct.

Le site web de la découverte !

Du même auteur :

▰ Pour une naissance à visage humain

Claude-Suzanne Didierjean-Jouveau

Il y a deux façons d'envisager la naissance : l'une, qui voit dans la grossesse et l'accouchement des situations à risque, à sécuriser au maximum grâce à toute une série d'interventions médicales ; et l'autre, qui y voit des processus physiologiques qui, sauf exception, se déroulent naturellement, et qu'il est inutile, voire nuisible, de perturber par des examens et des gestes médicaux systématiques

96 pages • 4,90 € / 9 FS

■ La voie lactée
Claude-Suzanne Didierjean-Jouveau
L'allaitement maternel

Promouvoir l'allaitement exclusif au sein dans les premiers mois de la vie de l'enfant n'set pas un retour au passé. Il s'agit au contraire d'une démarche radicalement neuve, susceptible de donner aux femmes une formidable confiance dans leurs capacités, tout en créant une nouvelle génération de bébés plus épanouis et plus en santé.

96 pages • 4,90 € / 9 FS

Dumas-Titoulet Imprimeurs
42004 Saint-Étienne
dépôt légal : juin 2002
N° d'imprimeur : 37229B

Imprimé en France